10万円から本気で億り人を目指す

お財布激太り

CFD投資

投資

ぱる出版

はじめに

　昨今は「自分で将来の資産を作っていこう」という風潮が高まっており、投資に興味を持つ人が増加しています。終身雇用制度の崩壊や年金問題など、社会情勢が大きく変化しつつある中、国や企業に頼らずに生きていけるようにと考える人が増え、資産形成の手段として投資が注目されているようです。

　特に、2024年からは新しいNISA制度が始まったことにより、これまでは投資に興味のなかった人が株式投資を始めてみるというケースも多くなっているように感じます。

　元プロップトレーダーの私からすると、多くの人が投資に興味を持つことで、投資界隈がより活気に溢れることに繋がるのでうれしい限りです。

　しかし、「投資」と一口に言っても、投資にはさまざまな種類があります。株式投資以外にもFXや先物取引、暗号資産、不動産投資など千差万別です。どの投資を始めようか迷っている人や、株式投資をやっているけれど違う投資を始めてみようと考えている人もいるかもしれません。

　数ある投資の中で私がおすすめするのはCFDです。CFDとは「Contract for Difference」の略称で、日本語だと「差金決済取引」です。

　CFDのイメージはFXに近いです。FXもCFDの一種とされているため、FXを経験したことのある人には取引しやすいかもしれ

ません。

　CFDをお勧めする理由の一つは、「資金が少なくても始められる」点です。レバレッジという制度を活用することで、10万円の元手からでも取引が可能です。さらに銘柄も豊富で、株価指数や個別株、コモディティなどを10万円の資金でも取引ができるというのは大きな魅力があります。

　「資金は少ないけど、投資をやってみたい」「さまざまな銘柄を取引したい」という人に、CFDはピッタリの金融商品です。

　本書ではCFDを取引したことのない人にCFDとはどのような金融商品で、どんな特徴があり、何の銘柄を取引できるのかを解説していきます。

　また、私の投資手法についても解説しており、取引の参考になると思います。

　今後は多くの人が投資の世界に入ってくると予想しています。しかし、投資の世界は甘くはありません。絶対に儲けられるわけでも、必ず勝てるわけでもないのが投資です。

　まずは本書を読んでCFDについての理解を深め、ぜひCFDにチャレンジしてみてください。

　本書が投資の世界に入っていく始めの一歩となり、今後の皆様の投資ライフ、そして人生を有意義にする手助けになれば何よりの幸せです。

第2章　市場別CFDの特徴

第3章　取引を始める前に必要な準備と心構え

第4章　元機関投資家トレーダー堀江のCFDトレード術【前編】

第5章　元機関投資家トレーダー堀江のCFDトレード術【後編】

編集協力：北原拓実／株式会社tcl

第1章　今もどこかの市場にチャンスが生まれている

投資が注目されている今こそ、CFDでチャンスを掴みましょう！

　2019年に老後の30年間で約2000万円が不足するという「老後2000万円問題」が大きな話題になり、若い世代を中心に、老後生活への不安を覚えるという声が見られるようになりました。

　もともと将来に貰える年金が減るのではないかという不安感が燻りつつある中で、2020年に世界中に蔓延した新型コロナウイルスの影響による経済停滞も将来への不安感に拍車をかけ、政府や企業に頼らずに自分で将来に向けたお金を作っていこうという人が徐々に増えてきました。その流れの中で、投資に興味を持つ人や投資を始める人が増加しています。

　書店では投資初心者向けの書籍が並び、SNSやYouTubeでは投資に関する情報発信をする人もどんどん増えています。

　また、投資を副業にしようと興味を持つ人も増加しつつあり、金融教育が必修になったことで、今後は若年層がどんどん投資を始めていくと考えられます。

　政府も「貯蓄から投資へ」という方針に積極的に取り組む姿勢を見せており、2024年から新しいNISAが始まりました。

　新NISAの開始により、すでに投資を始めていた人だけでなく、これまで投資に興味がなかった層も投資を始めるようになると思われ、今後はより投資による資産運用が重要になっていくでしょう。

　しかし、投資は株式投資だけではありません。FXや先物取引、不動産投資、暗号通貨などさまざまな種類があります。

　いざ投資を始めてみようと思っても、「どの投資を始めればよいのだろうか」と悩んでしまうかもしれません。

　また、すでに投資を始めている人の中にも「株式だけでなく、他にもいろいろな銘柄を取引したい」「少額でも大きな利益を出したい」と思っている人もいると思います。

　そんな人におすすめなのがCFDです。レバレッジという制度を利用し、少ない資金で日経225やNYダウなどの株価指数、任天堂やGAFAなどの個別株、原油や金などのコモディティといったさまざまな銘柄を取引できる金融商品です。

　もちろん、「CFDを取引すれば必ず儲かる」、「CFDならすぐに億り人になれる」というわけではありません。

　しかし、CFDはさまざまな銘柄を少額から取引できるため、投資の選択肢が広いというメリットがあり、それによって利益獲得のチャンスが増える可能性があります。

　10万円という少資金からでもチャレンジでき、成功すれば大きな利益を出せるチャンスがあるのがCFDの魅力です。

　老後不安や本業以外での収入源が必要だと叫ばれている昨今において、今後は投資で資産を築いていくことがさらに重要になってくると思われます。

　投資による資産形成が注目されている今だからこそ、CFDにチャレンジし、将来安心して暮らしていける資産作りを目指していきましょう。

●少額から投資を始めたい

●少ない資金で大きな取引をしたい

●さまざまな銘柄を取引したい

そんな人には

少額でも大きな取引ができ、

さまざまな銘柄を取引できる

CFD がおすすめ！

CFD は現物のやり取りをせずに、売買の差額のみをやり取りする差金決済取引

　CFD とは「Contract for Difference」の略語で、日本語だと「差金決済取引」になります。

　この「差金決済取引」を簡単に説明すると、「現物の受け渡しをせずに、売買によって発生した差額のみをやり取りする取引」です。

　現物取引の場合、買い手はお金を支払い、売り手は商品を渡します。商品を受け取った後は、その商品を他の人にさらに高く売って利益を出すこともできます。

　一方で、CFD は商品の受け渡しを行わず、反対売買によって発生した金額の差をやり取りします。買った時の価格と売った時の価格の差が損益となるということです。

　例えば、金を現物取引する場合と、CFD で取引をする場合を考えてみましょう。

　金が 1 グラム 1 万円の時に 1 グラム購入する場合、買い手は 1 万円のお金を支払う必要があり、売り手側は 1 グラムの金を渡さなれければいけません。

　購入に必要なお金と現物を交換して、初めて取引が成立するのが現物取引です。

　一方の CFD 取引の場合、現物の金を用意する必要はありません。

　買い手側は 1 万円分の証拠金と呼ばれる担保を売り手側に預けますが、売り手側は金を引き渡しません。

そして、金が1グラム1万円から1グラム1万1000円に値上がりした時に売却すると、購入時の1万円からの差額である1000円を利益として受け取れます。

　反対に、購入時に1グラム1万円だった金が1グラム9000円に値下がりした場合、購入時から1000円のマイナスになります。この場合、損失として1000円のお金を払わなければいけません。

　このように、現物のやり取りはせずに、売買差益のみをやり取りする仕組みの取引が差金決済取引です。

　差金決済取引の金融商品としてはFXが有名ですが、実はFXもCFDの一種です。そのため、レバレッジをかけて取引できる、売りから始められるなど、CFDとFXは取引の仕組みが似ています。FXの経験者はCFDを取引しやすいかもしれません。

　ただし、CFDでは株価指数や個別株、金や原油のようなコモディティなどを取引できますが、FXは通貨のみが取引対象です。さまざまな種類の銘柄を取引できるCFDの方が、FXよりも取引の幅が広いと言えます。

　CFDでは資金以上の取引ができる点が現物取引にはない大きなメリットもあります。

　さまざまな銘柄を少資金からでも取引ができるため、場合によっては少ない資金で大きな利益を取れるチャンスがあります。

　CFDについて「やってみようかな」と興味が出たのであれば、この機会にぜひチャレンジしてみてください。

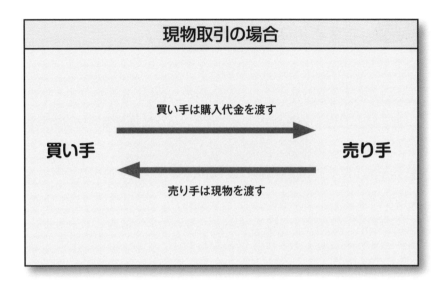

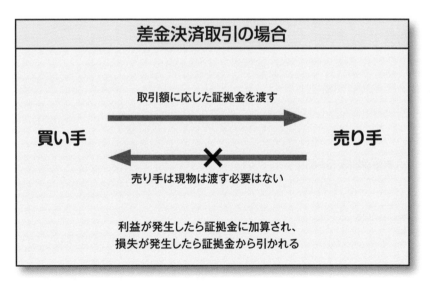

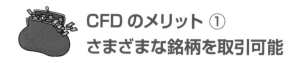

CFD のメリット ①
さまざまな銘柄を取引可能

　CFD では、国内外のさまざまな銘柄に投資できます。

　例えば、日経平均株価や NY ダウといった株価指数、トヨタやアマゾンといった個別株、原油や金といったコモディティ、さらには債券や ETF なども投資対象と、幅広いジャンルを取引できるのも CFD の魅力の一つです。

　CFD の投資対象は以下があります。一つずつ解説していきます。

●株価指数 CFD

　株価指数とは、特定の銘柄の株価を一定の計算式で数値化した指数です。

　CFD では日経 225、NY ダウ、S&P500 など日本人になじみのある株価指数をはじめ、英 FTSE、仏 CAC、独 DAX などの欧州の株価指数なども取引できます。

●個別株 CFD

　ソニーや任天堂、ファーストリテイリングなどの個別株を CFD で取引可能です。

　また、アマゾンやマイクロソフト、エヌビディアなどの米国株、シャオミやテンセントなどの中国株といった外国の個別株を取り扱っている金融機関もあります。

ただし、個別株CFDを取り扱っている金融機関は少なく、金融機関の選択肢が狭いというデメリットがあります。

●商品CFD

商品とはコモディティのことです。金や銀といった貴金属、原油や天然ガスといったエネルギー、小麦やコーン、コーヒーといった農産物などもCFDで取引できます。

●債券CFD

債券のCFD取引ができる金融機関もあります。ただし、個別株CFDよりも取り扱っている金融機関は少ないです。

●その他

ETFやETN、リートETFなどを取引できる金融機関もあります。

なお、FXもCFDの一種ではありますが、FXを取引したい場合は専用のFX口座を開設しなければいけない場合が多く、CFD口座では取引できない可能性があります。

また、金融機関によって取引可能な銘柄は異なる点も注意が必要です。

例えば、金融機関Aでは個別株CFDを取り扱っているが、金融機関Bでは個別株CFDを取り扱っていないというケースや、同じ個別株CFDでも、金融機関Bでは取引できない銘柄を金融機関Cなら取引できるというケースもあります。

口座開設をしても目的の銘柄を取り扱っておらず、取引できなかっ

たというケースもありえるので、口座開設を考えている金融機関がどんな銘柄を取り扱っているのかはしっかりと確認しておきましょう。

なお、CFD で取引できる銘柄は全て現物ではなく、対象となる金融商品を参考にして作られた金融商品です。この対象となっている金融資産のことを原資産と呼びます。

例えば、個別株 CFD でトヨタの株式を取引するとします。この場合、トヨタの現物株を取引しているのではなく、トヨタの現物株を原資産としている金融商品を売買しているということです。

イメージとしては、トヨタの現物株とほぼ同じ値動きをする架空の銘柄を取引しているような形です。

そのため、個別株 CFD で個別株を購入したとしても、その企業の株式を実際に持っているわけではないので、株主ではないという点に注意が必要です。

これは個別株 CFD だけでなく、株価指数 CFD、商品 CFD なども同じです。

例えば、株価指数 CFD で取引可能な日経 225 は日経 225 先物を原資産としている場合や、商品 CFD で取引できる原油は WTI 原油先物を原資産としていることが多いです。

CFD は現物を取引しているわけではないということを覚えておきましょう。

また、CFD で取引できる銘柄と原資産は値動きが異なる場合がある点にも注意が必要です。

CFD のように、原資産の価格を基準にしている金融商品はデリバティブと呼ばれ、日本語で言うと「金融派生商品」です。

要するに、株式、債券、為替などの原資産から派生した金融商品だから「金融派生商品」ということです。先物取引やオプション取引もデリバティブに含まれます。

CFD で取引可能な銘柄の種類

	取引できる主な銘柄
株価指数 CFD	日本 225、NY ダウ、S＆P500、ナスダック、FTSE、DAX40、CAC40 などの日本国内や海外の株価指数を取引可能。CFD を取引可能な金融機関のほとんどが取り扱っている。
個別株 CFD	トヨタやソニー、任天堂などの日本企業の個別株や GAFA、マイクロソフトなどの米国株、テンセントなどの中国株などを取引可能。ただし、個別株 CFD を取引可能な金融機関は少ない。
商品 CFD	金や銀などの鉱物、原油や天然ガスなどのエネルギー、トウモロコシや小麦などの農産物といったコモディティを取引可能。
債券 CFD	日本国債や米国 2 年国債などを取引可能。ただし、取引できる金融機関は個別株 CFD よりも少なく、取引するには金融機関を絞る必要がある。
その他	金融機関によっては ETF、ETN などを取引可能。

注意点

金融機関によって取引できる銘柄は異なるため、取引したい銘柄を取り扱っているかは確認しましょう

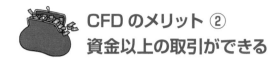

CFD のメリット ②
資金以上の取引ができる

　投資を始める人の中には、「10万円くらいの資金でも問題ないのだろうか」「少資金でも本当に始められるのか」と心配する人もいるかと思います。CFDではレバレッジという制度を活用し、担保として口座に預けた証拠金よりも大きな取引が可能です。

　例えば、10万円を証拠金として入金した場合、20万円分や30万円分の取引ができるというイメージです。

　この証拠金以上の取引ができる仕組みを、一般的に「レバレッジ」と呼びます。

　レバレッジとは日本語で「てこの原理」を意味します。証拠金の数倍〜数十倍の取引が可能になる仕組みをてこの原理になぞらえていることからそう呼ばれています。

　レバレッジは一般的に倍率で表されます。例えば、レバレッジ3倍の場合は証拠金の最大3倍まで、レバレッジ10倍の場合は証拠金の最大10倍まで取引できるということです。

　レバレッジをかけられる金融商品で有名なのがFXです。FXは最大で25倍のレバレッジをかけられるため、10万円の証拠金があれば、最大250万円分までの取引が可能です。

　レバレッジをかけられるため、10万円くらいの少ない資金からでもCFDを始めることは十分に可能です。

　株式投資だと、現物株はレバレッジをかけられませんが、信用

取引は約 3.3 倍までのレバレッジをかけられます。

CFD のレバレッジは銘柄や金融機関によって異なりますが、株価指数 CFD はレバレッジ 10 倍、株式 CFD はレバレッジ 5 倍、商品 CFD はレバレッジ 20 倍で設定されている場合が多いです。

金融機関によって最大レバレッジが異なる場合があるため、取引する前に確認しておきましょう。

このレバレッジをかけて取引できる点が CFD の魅力の一つと言っても過言ではありません。

なぜなら、投資資金の何倍もの金額を取引できるため、少ない元手でも大きな利益を期待できるからです

資金 10 万円でレバレッジなしの取引と、レバレッジ 10 倍で取引をし、同じ利益を出した場合を比較してみましょう。

レバレッジをかけない場合は 10 万円分しか取引できません。10％の利益を出したとしたら 1 万円の利益です。

一方で、レバレッジ 10 倍で取引した場合、100 万円分の取引が可能です。この時の 10％の利益は 10 万円です。

このようにレバレッジをかけない取引とかけた取引を比較すると、同じ資金で同じ利益率でもレバレッジをかけた取引の方が大きな利益を出せる可能性があるということが分かります。

資金以上の取引ができるため、少ない元手でも大きな利益を獲得できるチャンスがあり、資金効率が良いというのがレバレッジの最大のメリットです。

ただし、レバレッジにはリスクもあります。レバレッジを大きくすれば大きなリターンが期待できますが、負けた時の損失も大きくな

るということです。この点については、後述の「CFDのデメリット ①」で詳しく解説します。

　なお、レバレッジは「今日はレバレッジ５倍で取引しよう」といった形で、自分で倍率を決定することはできません。初心者は勘違いするかもしれませんが、レバレッジ５倍取引という設定ができるわけではありません。

　レバレッジは入金した証拠金とポジションの数量によって自動的に決まります。証拠金に対してポジションが少なければレバレッジは低くなり、逆に資金量に対してポジションの比率が高いとレバレッジは高くなります。

　取引数量が大きくなるほどレバレッジは大きくなり、その分資金効率も良くなりますが、リスクも大きくなるということを理解しておきましょう。

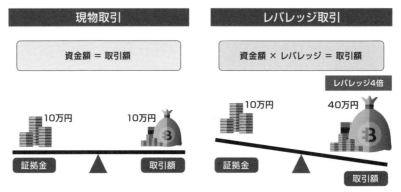

レバレッジ取引とは

現物取引	レバレッジ取引
資金額 ＝ 取引額	資金額 × レバレッジ ＝ 取引額

レバレッジ4倍

10万円　　　10万円

10万円　　　40万円

証拠金　▲　取引額　　　証拠金　▲　取引額

レバレッジ取引では証拠金を預けることで元手の資金を超えるより大きな取引が可能

CFD のメリット ③
ほぼ 24 時間取引ができる

　株式投資をしている人の中には、取引できる時間が限られていることに不満を持つ人がいるかもしれません。

　特に、会社員や主婦、学生といった昼間は仕事や家事、勉強に忙しい人にとって、取引できる時間帯が平日の昼間に限られていることは大きなデメリットです。夕方や夜間でも取引をしたいと思っている人は多いのではないでしょうか。

　CFD だと、基本的に平日ならほぼ 24 時間取引が可能なので、取引の自由度が高いという利点があります。

　原資産の取引時間に影響されるため、全ての銘柄がほぼ一日中取引できるというわけではありませんが、銘柄にこだわらなければほぼ 24 時間取引ができるといっても過言ではありません。

　祝日でも取引可能な銘柄もあり、取引時間が限られている株式投資と比較すると、大きなメリットです。

　なぜなら、取引時間が長いということは、忙しい人でも空いた時間に取引がしやすいということだからです。

　株式投資の取引時間は一般的に午前 9 時に取引がスタートし、午前 11 時 30 分でいったん終了します。11 時 30 分から 12 時 30 分までが昼休憩で、この間は取引できません。そして、午後 12 時 30 分から取引が再開し、午後 15 時まで取引時間です。

　午前の取引時間のことは前場、午後の取引時間のことは後場と

呼びます。

実質的に、9時から11時30分の2時間30分の前場と、12時30分から15時までの2時間30分の後場を合計した約5時間が1日の取引時間です。土日祝日は取引ができません。

例えば、一般的な会社員の場合、9時もしくは10時から始業開始で、12時くらいに1時間の昼休憩をはさみ、18時〜19時に終業の人が多いと思います。

終業時間と取引可能時間と被っているため、会社員の人が株式投資をするのは難しいと思います。

学生だと昼間は授業やアルバイトで忙しい、主婦も家事や子育てなどで昼間はなかなか取引ができないという場合もあります。

一方で、ほぼ24時間取引が可能なCFDは帰宅後や就寝前といった夜間でも取引できるため、昼間は忙しい人に向いている金融商品です。

また、欧米と日本は時差があるため、日本が真夜中の時に欧米で相場を動かす材料が発表されることもあります。

株式投資では真夜中に材料が発表されても対応できませんが、ほぼ24時間取引ができるCFDだと、すぐに対応することができるメリットもあります。

ただし、CFDの全ての銘柄が24時間取引できるわけではない点には注意が必要です。原資産の取引時間に影響されるため、特に個別株CFDは取引時間が限られています。

また、金融機関によって取引可能時間が異なっている場合もあるため、取引時間は確認しておきましょう。

株式投資の取引時間

 前場　9時から11時30分まで

 後場　12時30分から15時まで

➡　一日に取引できる時間が限られており、
　昼間に忙しい人には取引が難しい

CFD の取引時間

取引時間は銘柄や金融機関によって差がある
が、銘柄を選ばなければほぼ24時間取引が可能

➡　夜間や深夜でも取引ができるため、
　昼間に忙しい人でも取引をしやすい

会社員、学生、主婦などの昼間は忙しい人には
CFDでの取引がおすすめ！

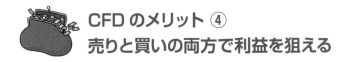

CFDのメリット ④
売りと買いの両方で利益を狙える

　CFDは買いからだけでなく、売りからも取引を始められます。これは現物を取引しない差金決済取引の大きなメリットといえます。

　「売りから取引を始められる」と聞いてもイメージしにくいかもしれませんが、要するに買い注文の反対のことができるということです。

　買いの場合、買ったところから価格が上昇すれば利益になります。

　一方で、売りの場合は買いの反対なので、ポジションを持ったところから価格が下落すれば利益になります。

　例えば、トヨタ自動車の株式を取引するとします。購入時の株価が3000円だとすると、買い注文で取引する場合は3000円から上昇すれば利益になります。3000円から3100円に上昇すれば100円の利益です。一方で、下落すると損失です。3000円から2900円に下落すれば差額の100円が損失になります。

　売り注文の場合は買い注文の反対なので、株価が下落すれば利益になり、上昇すれば損失になります。3000円から2900円に下落すれば100円の利益になり、3000円から3100円に上昇すれば100円の損失になります。

　株式投資の場合、信用取引だと売りから始められますが、現物取引は買いからでしかスタートできないので、株価が上昇する局面でしか利益を狙えません。

　そのため、現物取引をしている人はリーマンショックやコロナショックのような株価が下落しそうな局面や、企業の業績悪化や不祥事が発生した銘柄は株価が下落して損失になる確率が高いため、取引を控えると思います。

　一方で、売りからでも取引を始められるCFDだと、下落しそうな局面でも利益を狙えます。もちろん、上昇しそうな局面でも買いを選択すれば利益を狙えます。

　下落している状況だと相場が上昇するのを待たなければいけない現物取引とは異なり、買いと売りの両方で利益を狙えるという点は、CFDの大きなメリットと言えるでしょう。

　具体的にチャートを使って見ていきます。チャート①はトヨタ自動車の2020年3月に発生したコロナショック時の日足チャートです。

チャート①	コロナショック時のトヨタ自動車

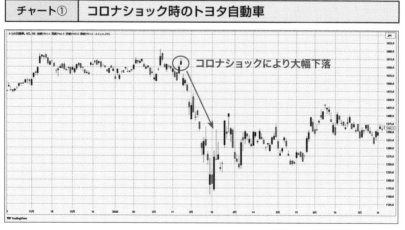

2020年2月に発生したコロナショック時のトヨタ自動車の日足チャートですが、大きく下落しています。
このような下落局面だと、買いからでしか始められない現物取引の場合は再上昇するのを待つ必要があります。一方で、売りから始められるCFDなら、このような下落局面でも利益を狙えます。

コロナショック前の2月は1500円台で推移していましたが、コロナショックにより3月には1100円台まで落ち込んでおり、約400円下落しています。

　もし、買いでしか取引できない現物取引の場合、このような下落相場になれば、再び株価が上昇するのを待つしかありません。

　一方で、売りで取引を始められるCFDの場合、このような下落局面でも利益を狙えます。

　○○ショックのような、相場が大きく下落している時は売りから始めて利益を狙い、景気が回復して株価が上昇しそうであれば今度は買いで利益を狙うという取引がCFDなら可能です。

　また、一定の範囲で価格が上昇と下落を繰り返しているレンジ相場でも売りを駆使すれば利益を狙えます。

　例えば、レンジ上限付近に到達した時に売りでエントリーし、レンジ下限付近まで下落したら決済を行います。そして再びの上昇を狙って買いでエントリーし、レンジ上限付近に到達したら決済するという方法で利益を狙えます。

　買いでも売りでも始められるため、上昇局面でも下落局面でも利益を狙えるという点はCFDの明確なメリットです。

現物取引の場合

買いでのエントリー可 売りでのエントリー不可

買いでしか始められないため、
相場が下落局面だと利益を狙いにくい

CFDの場合

買いでのエントリー可 売りでのエントリー可

買いでも売りでも始められるため、
相場が上昇局面でも下落局面でも利益を狙える

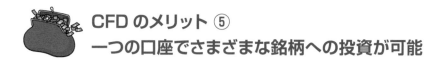

CFD のメリット ⑤
一つの口座でさまざまな銘柄への投資が可能

　CFD は専用の口座を開設すれば、日経 225 や NY ダウといった株価指数、原油や金などのコモディティ、トヨタやアマゾンなどの個別株など、さまざまな銘柄に投資が可能です。

　これは非常に便利な特徴で、チャンスの少なそうな銘柄から、チャンスのある他の銘柄に乗り換えやすいというメリットがあります。

　例えば、株式投資をやっている人が金現物や日経 225 先物を取引したいと考えた場合、金融機関によって差異はありますが、基本的にそれぞれ専用の取引口座を開設する必要があります。

　例えば、金現物を取引したいなら現物口座の開設、日経 225 先物を取引したい場合は先物口座の開設が必要です。

　そして、取引を始めるにはそれぞれの口座に入金をする必要があります。例えば、株式口座に入っているお金を使って日経 225 先物を取引したい場合、株式口座から先物口座に必要な資金を移し替える必要があります。

　また、口座開設には審査が発生する場合もあります。書類提出が必要な場合や審査に時間がかかってしまう可能性もあり、みすみすチャンスを逃してしまうというケースや、そもそも審査に通過しなかったため取引ができないというケースもあります。

　そのため、株価指数やコモディティに興味はあるけど、専用口座の開設手続きを行って審査を待ち、口座開設をしたら今度は入金

```
┌─────────────────────────────────────────────┐
│        一つの口座でさまざまな銘柄を取引可能          │
├─────────────────────────────────────────────┤
│                                             │
│                  CFD口座                     │
│                                             │
│              ┌──────────────┐                │
│              │  株価指数CFD   │                │
│              └──────────────┘                │
│                                             │
│   ┌──────────────┐      ┌──────────────┐    │
│   │   個別株CFD    │      │   商品CFD     │    │
│   └──────────────┘      └──────────────┘    │
│                                             │
│              ┌──────────────┐                │
│              │   債券CFD     │                │
│              └──────────────┘                │
│                                             │
└─────────────────────────────────────────────┘
```

CFD口座だけで株価指数CFD、個別株CFD、商品CFD、債券CFDなど、さまざまな銘柄を取引可能です。例えば、個別株CFDから商品CFDに投資先を乗り換えたい場合でも、わざわざ口座を切り替える必要がないため、非常に便利です。

や資金の移動させる必要があるため、面倒くさいと思って結局はやらなかったという人も多いかもしれません。

　CFD なら CFD 専用口座を開設するだけで、さまざまな銘柄を一つの口座で取引可能です。口座を使い分ける必要も資金を移し替える必要もありません。

　例えば、今は CFD で日経 225 を取引しているけど、チャンスが少なくなってきたから、トレンドが発生している原油に乗り換えたいという場合に、すぐに原油の取引を始めることが可能です。

　一つの口座でさまざまな銘柄に投資ができるという点は、CFD のメリットの一つです。

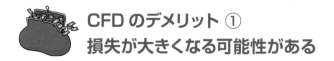

CFDのデメリット ①
損失が大きくなる可能性がある

　CFDはレバレッジをかけられるため元手以上の取引ができ、少ない資金でも大きな利益を得られる可能性がある点がメリットだと解説しました。

　一方で、レバレッジにはデメリットもあります。資金以上の取引ができるということは、失敗した際の損失も大きくなるということです。

　「CFDのメリット②　少額でも大きな取引が可能」でも解説したように、資金10万円でレバレッジをかけない取引と、レバレッジ10倍での取引を行い、損失を出した場合を比較してみましょう。

　レバレッジをかけない場合は10万円の取引しかできません。この場合の10％の利益は1万円ですが、反対に10％の損失を出した場合は1万円の損失です。

　一方で、レバレッジ10倍で100万円分の取引した時の10％の利益は10万円です。

　反対に10％の損失は10万円の損失です。

　このようにレバレッジをかけていた場合は、成功した時の利益が大きくなるというメリットがある反面、失敗した時の損失も大きくなってしまうリスクがあります。

　レバレッジが高くなるほど保有したポジションから少し逆行しただけでも含み損が大きくなり、ロスカットが発生しやすくなります。

ロスカットとは含み損が大きくなりすぎてしまい、金融機関が定めた証拠金維持率の水準を下回ってしまうと、保有しているポジションが強制的に決済される仕組みです。

ロスカット

ロスカットとは、損失の拡大を防ぐために、所定の水準の損失が発生時点で、強制的に損失を限定させる取引のことをいいます。

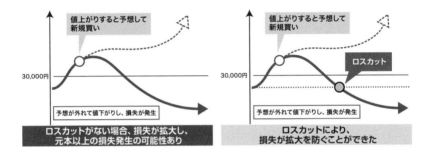

ロスカットが発生するラインは金融機関ごとに異なります。例えば、証拠金維持率が100%を下回ったらロスカットが発生する金融機関もあれば、80%を下回ったらロスカットが発生する金融機関もあります。

強制的にポジションが決済されるロスカットにネガティブなイメージもありますが、必ずしもマイナスというわけではありません。それ以上の損失を防ぎ、投資家の資産を守るという投資家保護の意味もあります。

仮に、ロスカットが発生しても今後取引が一切できなくなるというわけではありません。残っている資金や新規入金をして新しく取引

を始めることができます。

　また、一定以上の損失が発生したら強制的にロスカットされるため、基本的には証拠金以上の損失は発生しないというメリットもあります。

　一方で、急変動が起きた場合はロスカットが間に合わないケースもあります。例えば、○○ショックのように短時間で相場が一方向に大きく動く時は片方に注文が集まっている状況なので、ロスカットの注文が約定されにくく、ロスカットラインを大きく超えてしまうというケースです。

　ロスカットが間に合わなかった場合、預けた証拠金以上の損失が発生する可能性があります。

　例えば、50万円の証拠金でレバレッジ最大で取引していて、急な相場変動にロスカットが間に合わず、70万円の損失を被ってしまう場合もあります。その場合は差し引き20万円のマイナスです。このマイナス分は金融機関への借金となり、返済しなければいけません。

　資金以上のお金で取引できるということは、資金以上の損失を出す可能性もゼロでないということです。

　ロスカットが間に合わなかったという事例で有名なのが2015年のスイスフランショックです。FXの事例ですが、スイスが金融政策を変更したことでスイスフランのレートが短時間に急変動し、ロスカットが間に合わずに破産したトレーダーも多数出たという事件です。FXもCFDの一種であるため、スイスフランショックの事例は参考になると思います。

　ロスカットが間に合わないほどの急変動が起きることは稀で、基本的にはロスカットは間に合います。

　しかし、万が一ということもあります。急変動が起きても問題ないように、レバレッジをかけ過ぎないようにしましょう。

　CFDで勝っていくためには、負けても致命傷にならないようにリスク管理をすることが大切です。

**レバレッジを利用すると、
預けた証拠金以上の取引が可能**

➡ **少ない資金でも大きな利益を期待できる**

⬇ 一方で

**預けた証拠金以上の取引が可能ということで
損失も大きくなるリスクもある**

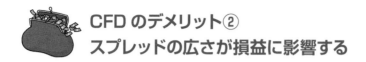

CFD のデメリット②
スプレッドの広さが損益に影響する

　CFD の取引手数料が無料という金融機関も増えていますが、どの金融機関で CFD を取引する場合にも実質的なコストであるスプレッドが発生する点には注意が必要です。スプレッドは FX でも同様に発生します。

　スプレッドとは売値と買値の差のことです。例えば、売値が 100円ならば、買値は 100.5 円というように価格差が開いています。この差額が実質的な手数料になります。

　実際にレートパネルを見ていきます。画像①はある金融機関のCFD における日経 225 のレートパネルです。売が 36197.6 円、買が 36204.6 円と売りと買いで数値が異なっています。

　もし、36204.6 円で買い、レートが変動しないうちに決済した場合は 36197.6 円で売却されます。その場合、36197.6-36204.6=-7 で、7 円損したことになります。

　反対に、36197.6 円で売りからスタートし、レートが変動しないうちに決済した場合は 36204.6 円で買い戻したことになります。この場合も、差し引きで 7 円損しています。

　この売値と買値の差がスプレッドと呼ばれており、実質の取引コストに相当します。

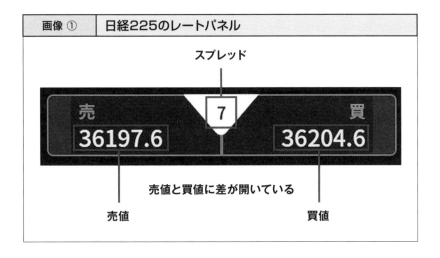

画像① 日経225のレートパネル

スプレッド

売 36197.6　買 36204.6

7

売値と買値に差が開いている

売値　買値

　スプレッドは基本的に、買値の方が売値よりも高く設定されているため、エントリーした瞬間に決済をすると、スプレッドの分だけ損失が発生します。

　そのため、スプレッドが広いほどエントリーした時のマイナスが大きくなり、そのマイナス分をプラスにするための値動きが必要になります。

　例えば、日経225のスプレッドが10円の金融機関と、スプレッドが20円の金融機関を比較してみます。

　取引単位は同じ1枚を買いで取引する場合、スプレッドが10円の金融機関は10×1＝10円です。つまり、マイナス10円の損失から取引が開始されることになります。利益を出すためには、最低でも買った価格から11円の上昇が必要になるということです。

　一方のスプレッドが20円の金融機関の場合、20×1＝20円です。こちらはマイナス20円の損失から取引が開始されることになりま

す。利益にするためには、最低でも買った価格から21円の値上がりが必要になるということです。

　スプレッドが狭いほど取引開始時のマイナスが小さくなり、スプレッドが大きいほど、取引開始時のマイナスが大きくなります。つまり、スプレッドが狭いほど取引に有利です。

　つまり、できるだけスプレッドが狭い金融機関で取引をするのが良いと言えます。

　スプレッドは各金融機関によって異なります。比較的広めという金融機関もあれば、比較的狭めという金融機関もあります。

　また、スプレッドは銘柄ごとで異なります。日経225やS＆P500、原油や金のようなメジャーな銘柄のスプレッドは比較的狭めですが、マイナーな銘柄はスプレッドが他の銘柄よりも広めということが多いです。

　各金融機関のスプレッドを知りたい場合は、金融機関の出しているレートを確認する方法が一番ですが、口座にログインしないとスプレッドを確認できない場合もあります。

　デモトレードを提供している金融機関であれば、デモトレードでどのくらいのスプレッドなのかを確認するのが良いと思います。

　スプレッドの注意点は、価格差がずっと固定されているわけではないということです。

　現在のスプレッドが10円だとしても、1秒後には11円や9円に変動する場合があります。そのため、今のスプレッドで取引したいと考えて注文を出しても、想像より広いスプレッドで約定してしまったというケースもあります。

　また、時間帯や経済指標の発表時、イベント発生時などでもスプレッドは広がりやすくなるので、注意が必要です。

　例えば、FOMC や米雇用統計の発表直後はスプレッドが広がりやすく、この時にトレードしたら思わぬほどの大きなスプレッドで約定してしまったというケースが起こりやすくなります。

　スプレッドが開きすぎたところでエントリーしてしまい、スタートから思わぬ含み損を抱えてしまって利益を伸ばせなかった、最終的にスプレッドの含み損を相殺できずに損失を出してしまう可能性がある点は、CFD のデメリットと言えます。

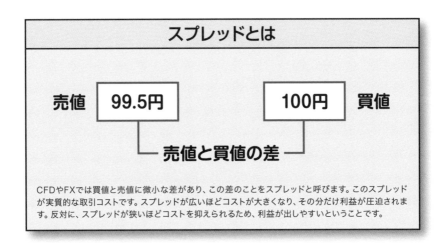

スプレッドとは

売値　99.5円　　　100円　買値

└── 売値と買値の差 ──┘

CFDやFXでは買値と売値に微小な差があり、この差のことをスプレッドと呼びます。このスプレッドが実質的な取引コストです。スプレッドが広いほどコストが大きくなり、その分だけ利益が圧迫されます。反対に、スプレッドが狭いほどコストを抑えられるため、利益が出しやすいということです。

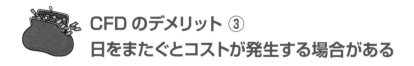

CFD のデメリット ③
日をまたぐとコストが発生する場合がある

　CFD では日をまたいでポジションを持ち越すと、金利の支払いもしくは受け取りが発生します。これをオーバーナイト金利（金利調整額）と呼びます。

　CFD はレバレッジをかけて取引できます。例えば、レバレッジ 5 倍の CFD なら証拠金 10 万円で 50 万円分の取引が可能です。この証拠金 10 万円と取引している 50 万円分の差額である 40 万円は金融機関から借りているということです。つまり、不足している 40 万円分を金融機関が立て替える形で取引をしているというイメージです。

　そして、投資家は金融機関から借りている分の金利を日毎に支払う必要があるという理屈です。

　一方で、売りの場合は反対になります。売りは投資家が CFD 業者に対して差額分を貸し付けているため、金利分を受け取れるというという理屈です。

　オーバーナイト金利は基本的に、買いなら支払い、売りなら受け取りという考え方です。

　それでは、「売りで保有していれば利益が出るのでは？」と思うかもしれません。しかし、そんなに単純ではありません。

　オーバーナイト金利の計算方法は金融機関によって異なり、売りポジションを保有していても受け取りが無い場合や、売りを保有し

ていても支払いとなる可能性もあるため、取引を始める前に確認しておきましょう。

また、CFDには金利調整額以外に、権利調整額と価格調整額があります。それぞれ解説していきます。

●権利調整額

原資産の銘柄で配当金や分配金などの支払いがあった場合、CFDでその銘柄を保有している人に発生する調整額です。

例えば、株式投資では配当金が出る企業の株式を保有していると、株主として配当金を受け取れます。

一方で、CFDは実際に株式を保有しているわけではないため、個別株CFDで配当金の出る銘柄を保有していても配当金を受け取る権利はありません。

そこで、株主が受け取ることができる権利をCFDで投資している人にも付与するための仕組みが権利調整額です。

CFDで保有している原資産において配当金や分配金の支払いが行われると、CFD保有者に権利調整額として配当金や分配金の相当額が支払われます。

ただし、権利調整額を受け取れるのは買いで保有している場合です。売りで保有している場合は、権利調整額を支払わなければならない可能性があるので注意が必要です。

●価格調整額

先物取引が原資産の銘柄に発生する調整額です。先物取引は、

取引できる期間が決まっており、この決められた期間を過ぎると取引ができなくなります。

　一方で、CFDはいつでも取引が可能です。そのため、原資産である先物が期間を迎えると、同じ銘柄を次の期間に自動的に乗り換える必要があります。

　しかし、先物取引は乗り換え前の期間と乗り換え後の期間は価格が異なることが多く、そのままだとポジションを持っている人の評価損益が乗り換え前と乗り換え後で大きく変動します。

　その価格差を調整して評価損益が変わらないようにするのが価格調整額です。

　これらは金融機関ごとに計算方法や仕組み、名称などが異なり、銘柄によって発生するかしないかも差異があるため、取引前に確認することが大切です。

　なんにせよ、CFDでは日をまたいでポジションを保有していると支払いが発生する可能性があるという点は、明確なデメリットと言えます。

CFDは金利が発生する

金利調整額

翌日にポジションを持ち越した際に発生する調整額。一般的に買いポジションなら支払い、売りポジションなら受け取りとなりますが、金融機関によって計算方法が異なるため、受け取れない場合や売りポジションでも支払いになる可能性があります。

権利調整額

原資産で配当金や分配金などの支払いがあった場合、CFDでその銘柄を保有していると発生する調整額。買いポジションを保有していたら受け取りになりますが、売りポジションで保有していたら支払いになる可能性があります。

価格調整額

先物取引の限月を変更する際の価格の変動で発生する損益を相殺する目的で行われる調整額。

ポジションを日をまたいで保有すると
支払いが発生する可能性に注意！

CFD なら必ず儲かるわけではないが、利益獲得のチャンスは大きい

　ここまで CFD のメリット、デメリットを解説してきました。CFD に興味が湧いてきた人にとって、一番聞きたいことは結局のところ、「CFD を取引したら儲かるの?」だと思います。

　結論を述べると、CFD を取引すれば絶対に儲かるというわけではありません。

　これはどんな投資にも言えることですが、「○○だから確実に儲かる」「△△をすれば必ず儲かる」という投資はこの世には存在しません。

　例えば、株式投資ならリーマンショックやコロナショックのような○○ショックで値下がりして損失を出してしまうこともありますし、投資先の企業が倒産してしまい購入した株式の価値がゼロになることもあります。

　FX や先物取引でも、予想とは反対に動いて損失を出してしまうケースは多々あります。

　不動産投資でも入居者がいなければ収入を得られませんし、物件や土地の価値が購入時よりも下落する可能性もあります。

　比較的安全と言われている債券投資でも、発行先が債務不履行になればお金が返ってこない場合もあります。

　世の中の投資には利益を取れるチャンスもありますが、当然ながらリスクも存在しています。時には、お金を失ってしまい、後悔す

るケースもあります。

　いくつもある投資の中でCFDをお勧めする理由は、投資できる銘柄の選択肢が多く、レバレッジを活用して実資金以上の取引ができるため、利益獲得のチャンスが比較的多いということです。

　メリットでも解説しましたが、CFDはレバレッジをかけることによって、少ない資金でも大きな取引が可能です。つまり、成功すれば、少ない元手でも大きな利益を獲得できる可能性があるということです。

　もちろん、失敗すれば大きな損失となってしまうリスクもありますが、きちんとリスク管理をすれば怖くはありません。私自身、取引で損失を出してしまうこともありますが、しっかりとリスク管理をしているため、相場から退場することなく利益を出し続けています。

　そして、CFDはさまざまな銘柄を取引できるため、不調な銘柄から好調な他の銘柄に切り替えやすいという利点があります。

　例えば、株価指数CFDを取引していて、日経225が動いていない一方でNYダウやナスダックが動いているのであれば、すぐに乗り換えられます。

　もし、株価指数全体が動いていないのであれば、投資先を株価指数からコモディティなどに乗り換えることも可能です。

　そして、売りからもスタートできるという点も上昇相場と下落相場のどちらでも利益を狙えるというメリットもあります。

　これらのメリットを考えると、CFDなら確実に利益を得られるというわけではありませんが、利益獲得のチャンスは他の投資先よりもあるのではないでしょうか。

CFDだけでなく、絶対に稼げる投資はない

しかしCFDなら

- 投資できる銘柄が豊富なので選択肢が多いので、
  チャンスのある銘柄に乗り換えられる

- レバレッジをかけられるため
  少額でも大きな利益を得られる可能性がある

- 買いからも売りからも始められるため、
  上昇局面でも下落局面でも利益を狙える

これらの理由を考えると

他の投資よりも利益獲得のチャンスがある！

CFD はリスク管理をしっかりしていれば難しくはない

　CFD はレバレッジをかけて資金以上の取引ができるのがメリットの一つですが、レバレッジと聞くと、「最悪、借金を背負ってしまって危ない」と連想する人もいるかと思います。

　CFD と同じようにレバレッジをかけられる金融商品で有名なのが FX です。FX も CFD の一種で、レバレッジをかけて資金以上の取引が可能です。

　FX やレバレッジと聞くと、「ギャンブル」や「大損をしてしまう」という悪いイメージがあるかもしれません。しかし、レバレッジ＝危険という考えは、大きな間違いです。

　確かに、許容できないほどレバレッジを高くしすぎると、大きな損失が出る可能性があります。しかし、裏を返せば、負けたときに許容できない損失が出るほどレバレッジを高くしなければ、安全に取引ができるということです。

　例えば、株式投資を考えてみてください。現物株だとレバレッジをかけて取引することはできないため、投資資金以上の損失を負うことはありません。しかし、絶対に損をしないというわけではなく、株価の変動によっては、投資した資金よりも減ってしまう元本割れになるリスクがあります。

　リスクがあるにもかかわらず、生活費や結婚資金、子どもの学費などの使ってはいけないお金を投資に使うのはレバレッジに関係な

く危険な行為です。

　反対に、競馬や競艇のような予想を外してしまうとお金が無くなってしまうギャンブルでも、自分が許容できる範囲内で行えば全く危険はありません。

　要するに、レバレッジをかけて取引するという行為が危険なのではなく、リスクを考えずに自分が失ってはいけない資金を投じる行為が危険ということです。

　例えば、全資産 1000 万円の人がレバレッジを利用して 1 億円分の取引をするとしたら、あまりにも無謀な行為と言えるでしょう。

レバレッジを利用できる　≠
●ギャンブル的な取引
●大きな損失を出してしまう
●最悪で借金を抱える

許容できないほどレバレッジを高くしすぎると、
大きな損失が出る可能性はある

負けたときに許容できないほど損失が出るほど
レバレッジを高くしなければ安全に取引ができる

　リスク管理は株式投資や CFD だけでなく、FX、不動産などあらゆる投資において大切なことです。

　しっかりとリスク管理を行い、失っても問題ない余剰資金で行えば何も危険なことはありません。

　CFD のようなレバレッジをかけられる投資をギャンブルと思う人もいるかと思いますが、相場分析をし、取引ルールを定め、勝つ確率の高いトレードを行えば自然と勝てる可能性は高まります。

　反対に、すぐに儲けたいからと全ての資産を使って高いレバレッジをかけ、運を信じて上がるか下がるかの丁半博打を賭けるようなトレードをしてしまえば全ての資産を失ってしまう可能性は高くなります。

　ギャンブル的なトレードにするかしないかはトレードを行う人次第なのです。

　リスク管理を心がけて安全なトレードを心掛ければ、CFD は全く恐ろしいものではなく、あなたの資産を増やす武器になります。

トレーダーに人気のある株価指数 CFD を
取引してみましょう

　株価指数とは、株式市場全体や特定の銘柄群の株価を一定の計算方法で指数化したものです。日本人に身近な株価指数の一つに、ニュースなどで耳にする日経平均株価があります。日経平均株価は東京証券取引所プライム市場に上場する銘柄の中から、流動性やセクターなどを基に 225 銘柄を選んで平均化したものです。

　日経平均が上がっていればプライム市場に上場している銘柄は平均的に値上りしている、日経平均が下がっていればプライム市場に上場している銘柄は平均的に値下りしていると判断できます。

　株価指数は世界中にさまざまな種類があり、米国の NY ダウやナスダック総合指数、S&P500、中国の上海総合指数や香港の香港ハンセン株価指数、英国の FTSE100 指数、仏の CAC40 指数、独の DAX 指数などがあります。

　株価指数はその国を代表するような企業で構成されていることが多いため、全体的な相場状況や景気状況を測るための物差しとして投資家に注目されています。

　先物取引ではこれらの株価指数の価格を原資産にした銘柄が取引されています。もちろん、現物を取引しているわけではありません。

　株価指数 CFD は、先物取引などの株価指数に関する市場を原資産として取引を行います。

　株価指数 CFD の原資産となっている株価指数先物の特徴とし

て、ヘッジファンドや機関投資家などが相場を作ることが多いです。最近はプログラム売買がほとんどで、トレンドが発生しそうであれば機関投資家が作動させている自動売買のプログラムが追随してトレンドの方向にどんどんロットが入っていくため、いったんトレンドが出るとある程度続いていきやすいという特徴があります。

　一方で、利食いが出始めれば、他のプログラムも追随して利食いを始めるので、往って来いのような相場になりやすいという特徴もあります。一方向に動いたと思ったら、急に逆方向に動き始めるようなことも起こります。

　そのため、株価指数 CFD を取引する場合は、発生したトレンドに上手に乗って、利食いが出始めるタイミングでこちらも利食いをすることが重要になります。

　株価指数 CFD にはさまざまな銘柄がありますが、私のおすすめは日経平均です。ボラティリティが大きく、世界中のヘッジファンドが売買しているので、トレンドが発生しやすい傾向にあります。日経平均以外だと、香港ハンセン指数もボラティリティが高めなのでおすすめです。

　S&P500 などの米国の株価指数もいいとは思いますが、実は米国の株価指数を取引するのは難しいです。

　株価指数 CFD で取引できる主な米国の株価指数には NY ダウとナスダック 100 と S&P500 がありますが、これら 3 つの指数が関係しながら動いていることが多いです。

　例えば、NY ダウの値動きが止まったら、ナスダック 100 や S&P500 の値動きも止まりやすくなるというケースがあります。

そのため、それぞれのチャートを見ながら、全体的にどこで止まりそうなのかを判断できないと、米国の株価指数を取引していくのは難しいと思われます。

　CFD には先物取引と違って限月がありません。そのため、オーバーナイトで発生する金利を気にしなければ、ポジションを長期で持ち続けられるというメリットもあります。

　注意点としては、CFD の値動きと個別株から算出された株価指数や、原資産の値動きとは微妙に異なる場合があるということです。

　これは CFD の全ての銘柄に言えることですが、CFD には CFD のチャートがあり、原資産となっているチャートとは値動きが異なります。

　例えば、株価指数 CFD の日経平均の価格が 3 万 1000 円だとしても、実際の日経平均株価のチャートは 3 万 800 円というようにズレがあるということです。

　そのため、CFD のチャートだけで考えると、判断を間違ってしまうこともあります。例えば、CFD のチャートでは節目になっている価格を上方向にブレイクアウトしたから買いエントリーしたが、原資産のチャートではまだブレイクアウトをしていないということもあります。

　そうすると、原資産ではブレイクアウトをしていないので、節目の価格帯で頭を押さえられて下落する可能性もあります。

　面倒ではありますが、CFD のチャートと原資産のチャートを併せて見ながら判断した方がいいです。私も両方のチャートを見ていて、実際の売買判断は現資産のチャートでしています。CFD のチャー

トはいくらでポジション取るか、いくら損切りするかということを決めるために見ています。

　また、金融機関ごとに同じ CFD の銘柄でも価格が異なっている場合があるので、その点にも注意しておきましょう。

　株価指数 CFD を取り扱っている金融機関は多く、CFD を提供している金融機関であればほぼ取引可能です。

　もし株価指数 CFD を興味が出てきたのであれば、比較的簡単に始められるので、ぜひ取引してみてください。

2022年からの日経平均のチャート

日経平均の2022年からのチャートです。2023年3月から上昇トレンドが発生し、2023年6月には3万3000円台まで上昇しました。2023年11月からはさらに上昇を続け、2024年2月現在は3万6000円台まで上昇しています。

2022年からのダウ平均のチャート

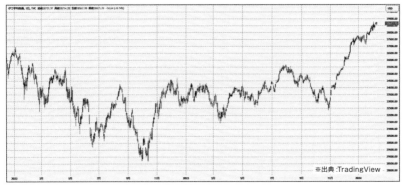

NYダウの2022年からのチャートです。2023年は高値3万5500ドル台、安値3万1500ドル台のレンジで推移していましたが、2023年11月から上昇トレンドが発生し、2024年2月現在は3万8000ドル台まで上昇しています。

※2024年2月11日時点の情報です

2022年からのナスダック100のチャート

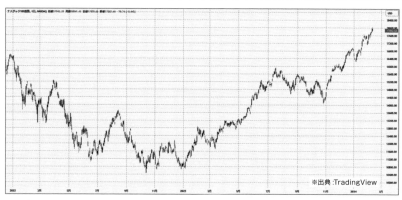

※出典:TradingView

ナスダック100の2022年からのチャートです。2023年から上昇トレンドが発生し、右肩上がりに上昇を続けています。2023年1月は1万800ドル台でしたが、2024年2月現在は1万7800ドル台まで上昇しています。

2022年からのS&P500のチャート

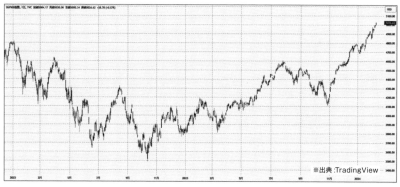

※出典:TradingView

S&P500の2022年からのチャートです。2023年3月以降は上昇トレンドが発生しています。2023年8月にいったん下落したものの、11月からは再上昇し、2024年2月現在は5026ドル台まで上昇しています。

※ 2024 年 2 月 11 日時点の情報です

2022年からのユーロ・ストックス50指数のチャート

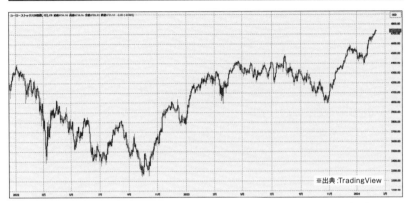

※出典:TradingView

ユーロ圏の株式市場を対象とした代表的な株価指数です。2023年10月から上昇トレンドが発生しています。2023年7月からはやや下落しましたが、2023年11月からは再び上昇し、2024年2月現在は4731ユーロで推移しています。

2022年からのFTSE100指数のチャート

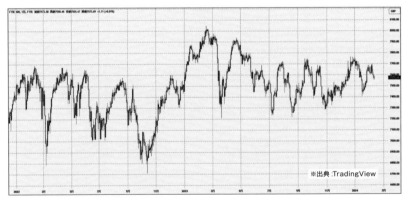

※出典:TradingView

英国の代表的な株価指数です。2023年7月から2024年2月現在まで高値7700ポンド台、安値7200ポンド台のレンジ状態が続いています。

※ 2024 年 2 月 11 日時点の情報です

2022年からのCAC40指数のチャート

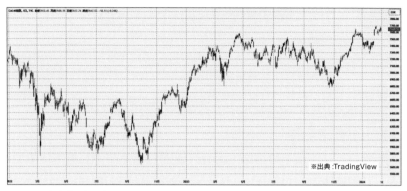

※出典：TradingView

フランスの代表的な株価指数です。2022年10月から上昇トレンドが発生し、2023年4月には7500ユーロ台まで上昇しました。それ以降はレンジ相場に転換しましたが、2023年11月からは再び上昇し、2024年2月現在は7600ユーロ台で推移しています。

2022年からのDAX指数のチャート

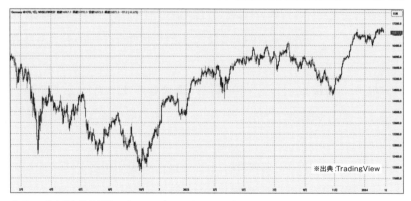

※出典：TradingView

ドイツの代表的な株価指数です。2022年10月から2023年6月にかけて上昇トレンドを形成しました。2023年8月から一時は下落しましたが、2023年11月からは現在まで上昇傾向が続いています。

※ 2024 年 2 月 11 日時点の情報です

**個別株 CFD は信用取引よりも高い
レバレッジで株式を取引できるのが
一番のメリット**

　個別株 CFD では、日本や米国などの国内外の株式のレバレッジ取引が可能です。

　個別株 CFD はその名のとおり、個別株を原資産にしています。イメージとしては、トヨタやソニーの株価の動きを基にして作られた架空の株式を売買し、その売買で生じる差額が利益や損失になっているということです。現物の株式を保有しているわけではないので、株主としての権利は保有していないという点に注意が必要です。

　個別株 CFD を取引する最大のメリットは、最大レバレッジが信用取引よりも大きいということです。信用取引のレバレッジは最大 3.3 倍ですが、個別株 CFD は最大 5 倍で信用取引よりも大きな取引が可能です。

　つまり、信用取引だと 100 万円の資金なら 330 万円分まで取引できますが、個別株 CFD だと 500 万円分の取引ができるということです。

　例えば、信用取引と個別株 CFD を同じ資金 100 万円をフルレバレッジで取引を始め、利益が 2 倍になるとした場合、何回取引したら 1 億円に達成するかを考えてみます。信用取引は最大レバレッジを 3 倍とします。

●信用取引

1 回目　100 万円× 3=300 万円

　→ 300 万円× 2=600 万円　利益 300 万円

2 回目　（100 万円＋ 300 万円）× 3=1200 万円

　→ 1200 万円× 2=2400 万円　利益 1200 万円

3 回目　（400 万円＋ 1200 万円）× 3=4800 万円

　→ 4800 万円× 2=9600 万円　利益 4800 万円

4 回目　（1600 万円＋ 4800 万円）× 3=1 億 9200 万円

　→ 1 億 9200 万円× 2=3 億 8400 万円　利益 1 億 9200 万円

●個別株 CFD

1 回目　100 万円× 5=500 万円

　→ 500 万円× 2=1000 万円　利益 500 万円

2 回目　（100 万円 +500 万円）× 5=3000 万円

　→ 3000 万円× 2=6000 万円　利益 3000 万円

3 回目　（600 万円 +3000 万円）× 5=1 億 8000 万円

　→ 1 億 8000 万円× 2=3 億 6000 万円　利益 1 億 8000 万円

　この例だと、信用取引は 4 回目の取引で 1 億円を達成し、個別株 CFD は 3 回目の取引で 1 億円に到達しました。つまり、レバレッジの大きい個別株 CFD の方が大きな取引ができるため、成功すれば信用取引よりも利益を大きく増やせる可能性が高いという魅力があります。

　特に個別株なら相場状況によっては価格が 2 倍になる銘柄や、

場合によっては10倍になる銘柄もあるため、資産を大きくできる可能性があります。レバレッジをかけられない現物取引や、最大レバレッジがCFDよりも小さい信用取引よりも、個別株CFDの方が成功した際の夢が大きいという点は大きなメリットです。

また、売りができるので下落局面でも利益を狙えるという利点もあります。現物取引は空売りができないので、CFDの方が取引の幅が広いです。信用取引なら売りからもできるので信用取引とCFDはそんなに差はありませんが、CFDの方がレバレッジは大きいという点を考えると、売買差益を狙うのであればCFDの方が信用取引よりも良いと思います。

ただし、CFDでも配当相当額という形で配当金を受け取れる可能性がありますが、株主優待はもらえないというデメリットもあります。また、ポジションをオーバーナイトで持ち越すと金利の支払いが発生する可能性を考えると、インカムゲインを狙いたいのであれば、現物株を取引した方が適していると思います。

注意点としては、レバレッジをかけて取引できる数量が大きくなるため、獲得できる利益が大きくなる代わりに、失敗した際の損失も大きくなります。そのため、リスク管理は必要です。

個別株は銘柄数が非常に多いため、銘柄を選ぶという作業に手間がかかります。どの銘柄を選んで良いか悩む人も多いと思います。

銘柄選びのコツとしては、上場来高値を更新している銘柄を選んでいくのが良いと思います。上場来高値を更新している銘柄は、上値にしこりがないので、株価が上がっていきやすいという特徴があります。

　心理的に高値を更新しているとなかなか買いにくいですが、上場来高値を更新するまで買われているということは何かしら理由があるからそこまで買われているわけで、さらに上昇していく可能性があるということです。

　また、時価総額が小さい銘柄の方が大きく上昇する可能性が高いという傾向もあるので、時価総額がだいたい 5000 億円未満くらいの銘柄が良いと思います。

　最初は時価総額が大きい銘柄を取引し、個別株 CFD を理解できてきたら、時価総額が小さい銘柄にシフトしていくという方法がおすすめです。

　個別株 CFD はレバレッジをかけて株式投資ができるという大きなメリットがありますが、個別株 CFD を取り扱っている金融機関の数は少ないです。金融機関をしっかりと選ばないと、個別株 CFD を取引できなかったということになるので、どの金融機関が取り扱っているのかはしっかりと確認しておきましょう。

　個別株 CFD の代表的な銘柄を直近のチャートともにいくつか紹介しますので、参考にしてください。

2022年からのトヨタ自動車のチャート

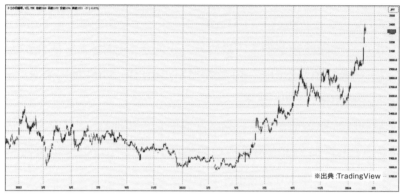

トヨタ自動車の2022年からのチャートです。2023年5月から上昇トレンドを形成し、大きく上昇していま
す。2023年1月の株価は1800円台でしたが、2024年2月現在の株価は3323円をつけており、1年間で約
1500円値上がりしています。

2022年からの任天堂のチャート

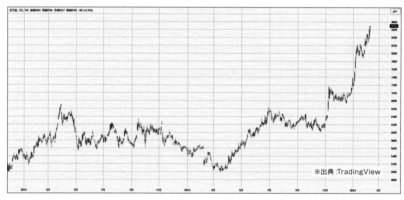

任天堂の2022年からのチャートです。2023年4月からは上昇しています。2023年7月からはやや下落し
たものの、2023年11月からは再び上昇しています。2023年1月は5600円台でしたが、2024年2月現在は
8700円まで上昇しています。

※ 2024 年 2 月 11 日時点の情報です

2022年からの三菱商事のチャート

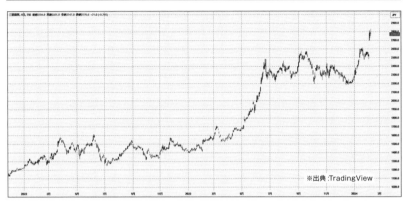

※出典：TradingView

三菱商事の2022年からのチャートです。2023年2月から上昇し、2023年7月以降は横ばいに推移しましたが、2024年1月からは再上昇し、2024年2月現在は2770円で推移しています。2022年1月時の1300円と比較すると、約2倍になっています。

2022年からの信越化学工業のチャート

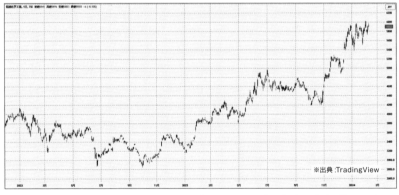

※出典：TradingView

信越化学工業の2022年からのチャートです。2023年に入ってからは右肩上がりで上昇を続けています。2023年9月に一時的に下落しましたが、2023年11月からは再上昇しています。2023年1月は3200円台でしたが、2024年2月現在は5903円まで上昇しています。

※ 2024 年 2 月 11 日時点の情報です

2022年からの日立製作所のチャート

※出典：TradingView

日立製作所の2022年からのチャートです。2023年4月から右肩上がりに上昇しています。2024年2月現在は、1万2080円で推移しており、2023年1月の6400円台から約1.9倍になっています。

2022年からの東京エレクトロンのチャート

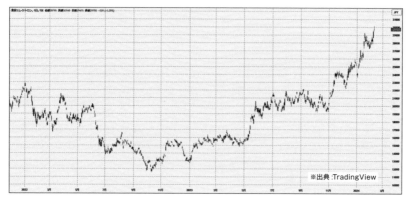

※出典：TradingView

東京エレクトロンの2022年からのチャートです。2022年は下落していましたが、2023年からは上昇基調に転換。特に、2023年11月から2024年2月現在までは大きく上昇しています。2024年2月現在の株価は2万9755円で、2023年1月から約2倍になっています。

※2024年2月11日時点の情報です

2022年からの日本ハムのチャート

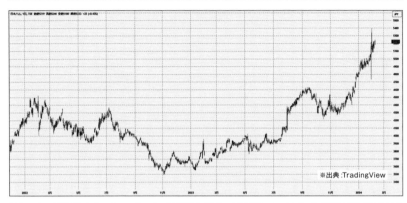

※出典：TradingView

日本ハムの2022年からのチャートです。2022年11月までは下落していましたが、2023年2月からは上昇基調に転換しています。2024年2月現在の株価は5223円で、2023年1月の3600円台と比較すると、約1600円ほど値上がりしています。

2022年からの日本取引所グループのチャート

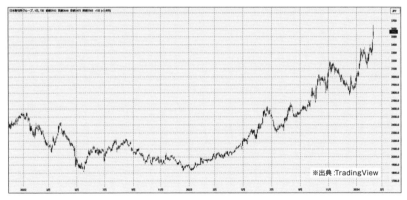

※出典：TradingView

日本取引所グループの2022年からのチャートです。2023年からは上昇トレンドを形成し、右肩上がりで上昇しています。2023年1月は1800円台でしたが、2024年2月現在は3562円まで上昇しており、約1700円値上がりしています。

※ 2024 年 2 月 11 日時点の情報です

2022年からのアルファベットのチャート

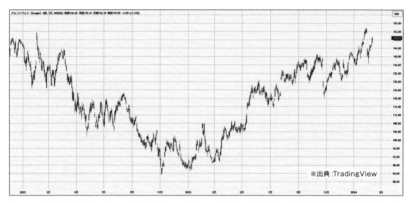

Googleの親会社アルファベットの2022年からのチャートです。2022年から2023年1月までは下落していましたが、2023年3月からは上昇トレンドに転換しています。2023年1月は92ドル台と100ドルを下回っていましたが、2024年2月現在は149ドル台まで上昇しています。

2022年からのアップルのチャート

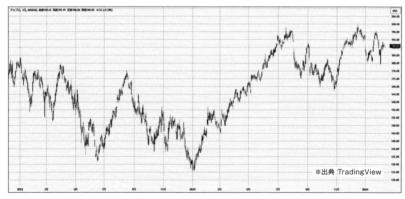

アップルの2022年からのチャートです。2023年1月から2023年8月まで大きく上昇しています。その後はいったん下落しましたが、2023年11月に反発し、190ドル台まで戻しました。2024年2月現在は高値196ドル台、安値180ドル台のレンジで推移している状況です。

※2024年2月11日時点の情報です

2022年からのMetaのチャート

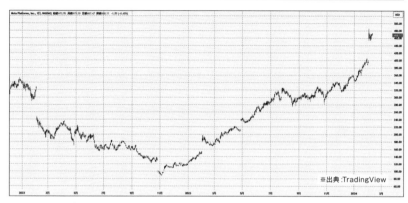

※出典：TradingView

Facebookから名称を変更したMetaの2022年からのチャートです。2023年1月から右肩上がりの上昇を続けています。2024年2月現在は468ドル台で推移しており、2023年1月の株価140ドル台と比較すると、約3倍になっています。

2022年からのアマゾンのチャート

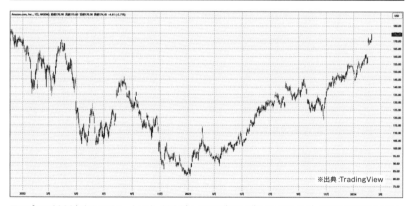

※出典：TradingView

アマゾンの2022年からのチャートです。2022年〜2023年は下落していましたが、2023年以降は上昇しています。2023年1月時点は80ドル台だった株価も、2024年2月現在は174ドル台まで上昇しています。

※ 2024 年 2 月 11 日時点の情報です

2022年からのマイクロソフトのチャート

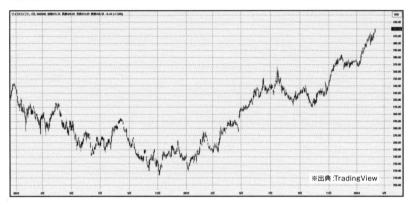

※出典:TradingView

世界最大級のソフトウェア会社であるマイクロソフトの2022年からのチャートです。2023年までは下落していましたが、2023年以降は右肩上がりで上昇しています。2023年1月は220ドル台だった株価ですが、2024年2月現在は420ドルまで上昇しています。

2022年からのNVIDIAのチャート

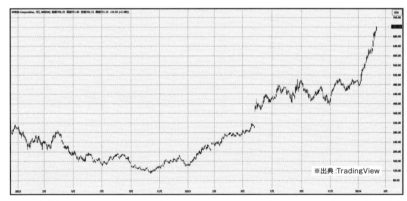

※出典:TradingView

米国の半導体メーカーNVIDIAの2022年からのチャートです。2023年1月から2024年2月現在まで上昇を続けています。2023年1月の株価は150ドル台でしたが、2024年2月現在は721ドルまで上昇しており、1年間で約4.8倍になっています。

※2024年2月11日時点の情報です

2022年からのイーライリリーのチャート

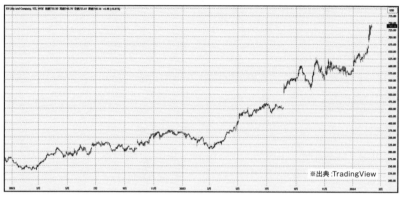

※出典：TradingView

米国の製薬会社イーライリリーの2022年からのチャートです。2023年3月から上昇トレンドを形成しています。2023年1月の株価は360ドル台でしたが、2024年2月現在は740ドル台まで上昇しており、1年間で約2倍になっています。

2022年からのVisaのチャート

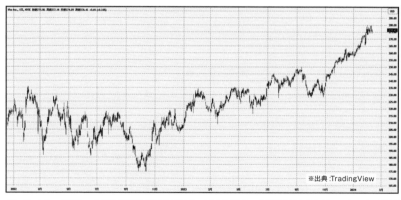

※出典：TradingView

クレジットカード「Visa」などで有名な米国の金融サービス企業Visaの2022年からのチャートです。2022年11月から2024年2月現在まで上昇を続けている状況です。2023年1月の株価は220ドル台で、2024年2月現在は276ドル台まで上昇しています。

※ 2024 年 2 月 11 日時点の情報です

株価指数CFDや個別株CFDだけでなく、商品CFDも取引してみましょう

コモディティとは日本語で商品という意味で、金・銀・プラチナなどの貴金属、原油・天然ガスなどのエネルギー、コーン・大豆・コーヒー・小麦などの農産物に投資することはコモディティ投資と呼ばれます。

コモディティは主に商品先物市場で取引されており、CFDの原資産も商品先物が多いです。ただし、先物取引とは異なり、CFDには取引の期限がありません。そのため、金利を気にしなければずっと保有できるメリットがあります。

コモディティ投資の特徴は、インフレに強い傾向があるという点です。

インフレ時は貨幣の価値が下落し、物価が上昇します。一方で、コモディティは実物資産なので、インフレによる物価上昇に合わせて値上がりしていくという傾向があります。

例えば、インフレによって現物の金や原油の価格が上がったとします。そうすると、現物の金や原油を原資産としている金融商品も影響を受けて価格が上昇していくという形です。

直近だと、2022年のウクライナ戦争の影響で、世界中でインフレが問題になりました。それに伴い、金や原油、小麦などのコモディティの価格が大きく上昇しました。

2024年2月現在はインフレもやや落ち着きそうな傾向を見せてい

ますが、もし、インフレ時にコモディティに投資をしていれば利益を獲得できたチャンスがあったということです。

特に、CFD であれば、レバレッジをかけられるため、少額の証拠金で金や原油、コーンなどのさまざまなコモディティの取引ができます。少額から取引できるので、コモディティを初めて取引するという人でも取引しやすいという点は大きな強みです。

また、リスクを分散できる点もメリットです。株価指数や個別株だけを取引していると、株式市場が不調の時はチャンスが少なくなります。一方で、株式市場が不調な時はコモディティの価格が上昇している可能性があります。

例えば、金は安全資産として人気があり、インフレや戦争などが発生した場合、中長期目線だと上昇しやすい傾向にあります。

そのため、○○ショックや○○戦争のような株式市場に大きな影響を与えるイベントの際は、株式から金に乗り換えることで利益を狙える可能性があります。

株式に投資をしながらコモディティにも投資を行うことで、リスクを分散させる戦略を取れます。

コモディティの印象としては、レンジを形成しやすい特徴があり、トレンドが発生したところだけを狙って取引をするという手法が良いと思います。

ただし、商品 CFD は原資産が先物取引の場合がほとんどです。先物取引はヘッジファンドや機関投資家などが参加していることを考えると、個別株と比較すると難易度は高いと思われます。

コモディティにもさまざまな銘柄がありますが、コモディティ投資

の王道は金と原油です。そのため、まずは金と原油から始めると良いと思います。

　コモディティを取引しない場合でも、金と原油の値動きは確認しておきましょう。例えば、金の価格が上昇すると、株式市場は下落しやすいというような関係性があります。他の銘柄と相関・逆相関が発生しているのかという観点から、原油と金のチャートを確認しておくといいかもしれません。

　CFD は一つの口座でさまざまな銘柄に投資できるため、コモディティに興味があるという人はぜひコモディティにチャレンジしてみてください。

　ただし、同じ商品 CFD でも金融機関によっては取引できる銘柄が異なるため、自分が取引したい銘柄を取り扱っているかは事前に確認しましょう。

　以下に主要な商品 CFD 銘柄をチャートとともに紹介します。参考にしてください。

商品CFD

2022年からの金のチャート

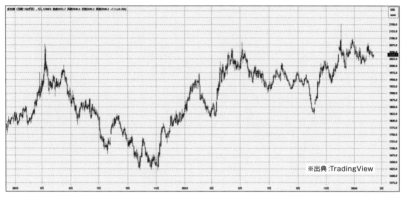

※出典：TradingView

トレーダーから大きな人気を集めている金の2022年からのチャートです。2022年3月から2022年11月までは下落していましたが、2022年11月からは上昇しています。

2022年からの銀のチャート

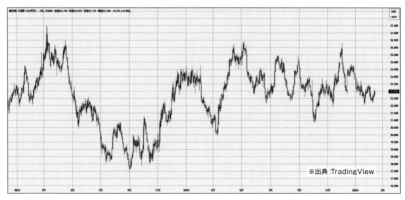

※出典：TradingView

銀の2022年からのチャートです。2022年9月まで下落していましたが、2022年11月からは上昇しています。2024年2月現在は安値21ドル台、高値25ドル台のレンジ相場で推移しています。

※ 2024 年 2 月 11 日時点の情報です

2022年からのプラチナのチャート

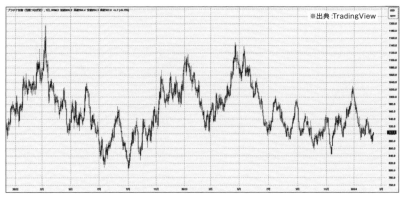

※出典：TradingView

プラチナの2022年からのチャートです。プラチナは自動車の排気ガスの浄化用触媒などで使用されます。
2024年2月現在は高値1020ドル台、安値840ドル台で推移しています。

2022年からのWTI原油のチャート

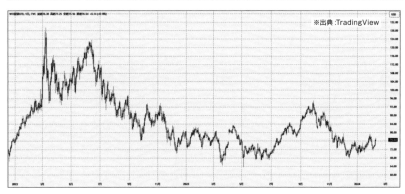

※出典：TradingView

コモディティトレーダーから人気のあるWTI原油の2023年からのチャートです。2022年2月からはウクラ
イナ戦争の影響で大きく上昇していますが、2023年6月から2023年にかけて大きく下落しました。2024
年2月現在は、76ドル台で推移しています。

※2024年2月11日時点の情報です

商品CFD

2022年からの天然ガスのチャート

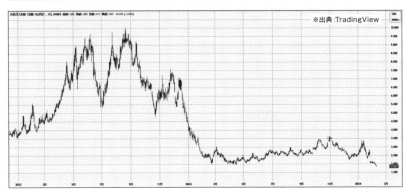

2022年からの天然ガスのチャートです。こちらも2022年2月のウクライナ戦争発生から上昇し、8月には10ドル台まで上昇しています。しかし、2022年9月以降は大きく下落し、2024年2月現在は1.8ドル台まで下落しています。

2022年からの銅のチャート

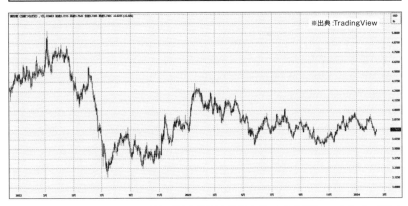

2022年からの銅のチャートです。2022年4月から2022年7月にかけて大きく下落しています。その後は上昇したものの、2023年5月から2024年2月現在までレンジ状態が続いています。

※ 2024 年 2 月 11 日時点の情報です

2022年からの小麦のチャート

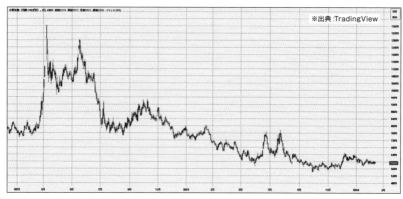

※出典 :TradingView

2022年からの小麦のチャートです。ウクライナ戦争の影響で、2022年3月には大幅に上昇しましたが、2022年5月以降は下落しています。

2022年からのコーンのチャート

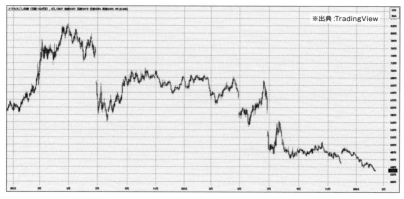

※出典 :TradingView

2022年からのコーンのチャートです。こちらも2022年5月まで上昇していますが、それ以降は下落しています。2023年から下落トレンドを形成しており、2024年2月現在も下落が続いている状況です。

※ 2024 年 2 月 11 日時点の情報です

FXでは通貨ペアを取引して差益を狙えます

　FX も CFD の一部であるため、ここで紹介していきます。ただし、FX は金融機関によっては CFD 口座とは別に、FX 専用口座の開設が必要になる場合があるので注意が必要です。

　FX とは「Foreign Exchange」の略で、日本語だと「外国為替証拠金取引」です。

　ほとんど CFD と同じですが、CFD は株価指数、個別株、コモディティなどを取引できるのに対し、FX で取引できるのは通貨ペアのみです。証拠金取引であるため、現物の通貨はもちろん保有しません。

　外国為替取引の仕組みですが、為替レートの変動による利益を狙います。

　例えば、米ドルが 1 ドル＝ 100 円の時に 1 万円を 100 ドルに交換したとします。そこから円安が進んで、1 ドル＝ 110 円になった時に 100 ドルを日本円に戻した場合、1 万 1000 円を受け取れます。

　反対に、円高に動いて 1 ドル＝ 90 円の時に 100 ドルを日本円に戻した場合、9000 円しか受け取れません。

　このように、通貨ペアを構成する 2 か国間の為替レートの変動によって損益が発生します。この為替レートの変動による利益を狙うのが FX です。

　また、FX では利益を狙う方法に為替差益を狙う方法のほかに、スワップポイントを狙う方法があります。

スワップポイントとは、通貨ペアを構成する2か国間の金利差によって発生する損益です。

　金利が低い国の通貨を売って、金利が高い国の通貨を買うとスワップポイントを受け取れます。反対に、金利が高い通貨を売り、金利が低い通貨を買ってしまうとスワップポイントを支払う必要があります。

　例えば、米ドル／円を考えてみましょう。日米の金利差は米国の方が日本よりも金利が高く、日本は米国よりも低金利です。

　そのため、米ドル／円を買いで保有するとスワップポイントを受け取れ、反対に売りで保有するとスワップポイントを支払うことになります。

　スワップポイントはポジションを保有している限りほぼ毎日発生するため、長期投資だとより利益を狙えます。そのため、スワップポイント狙いの長期投資をする人もいます。

　もちろん、為替差益とスワップポイントの2重の利益を狙うことも可能です。ただし、保有ポジションをオーバーナイトしないとスワップポイントは発生しない点にも気をつけましょう。

　私的には、スワップポイントを狙う投資自体は良いですが、スワップポイントを狙うためにトレンドの逆張りをするのは止めておくべきだと思います。

　例えば、現在は下落トレンドだが、買いだとスワップポイントがつくので買いでポジションを持つような取引をしてしまうと、為替差損がスワップポイントよりも大きくなってしまう場合があり、リスクが高いです。

　せっかくスワップポイントを貯めたのに、為替差損が大きくなりすぎて合計するとマイナスになったという本末転倒にならないように注意しましょう。

　スワップポイントは支払いも発生します。長期保有をすればするほど支払う金額は大きくなるので、長期投資を考えている人はより注意が必要です。

　なお、スワップポイントは FX 会社や通貨ペアによって異なります。同じ通貨ペアでもスワップポイントが高い金融機関があれば、低い金融機関もあるため、あらかじめどのくらいのスワップポイントが発生するのか確認しておくことが重要です。

　また、政策金利が変更された場合は付与されるスワップポイントの量も変わります。貰えるスワップポイントが減る場合や、支払いになる場合もあるため、政策金利の変動には注目しておきましょう。

　FX にはさまざまな通貨ペアがありますが、私としてはクロス円の通貨ペアとドルストレートの通貨ペアを見ながら、自分が売買しやすいと思う通貨ペアを取引すれば良いと思います。

　ドルストレートとは米ドルとの通貨ペア、クロス円は日本円との通貨ペアです。例えば、ドル／円、ユーロ／ドルなどはドルストレート、ポンド／円、ユーロ／円などはクロス円に分類されます。

　特に、取引量が多いドル／円とユーロ／ドルには注目しておきましょう。

　FX も取引できるようになると投資の幅が広がります。外国為替に興味があるという人は、ぜひ FX にもチャレンジしてみましょう。

2022年からの米ドル／円のチャート

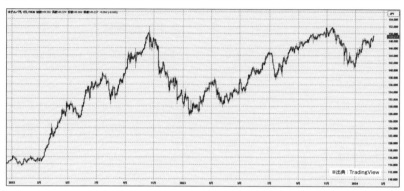

※出典：TradingView

2022年からの米ドル／円のチャートです。2022年3月から円安傾向が続いており、2022年10月には152円台まで上昇しました。2022年11月からはいったん下落していますが、2023年1月からは再び円安傾向になり、2023年2月現在は149円台で推移しています。

2022年からのユーロ／ドルのチャート

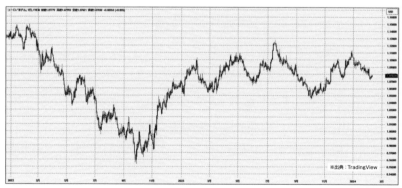

※出典：TradingView

2022年からのユーロ／ドルのチャートです。2022年は下落が続いていましたが、2022年11月からは上昇しています。2024年2月現在は1.078ドル台で推移しています。

※ 2024 年 2 月 11 日時点の情報です

2022年からのユーロ／円のチャート

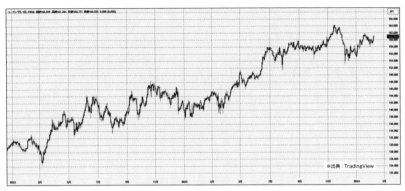

2022年からのユーロ／円のチャートです。2022年3月から2024年2月現在まで右肩上がりで上昇しています。2022年3月には124円台でしたが、2024年2月現在は160円台まで推移しており、約40円上昇しています。

2022年からのポンド／円のチャート

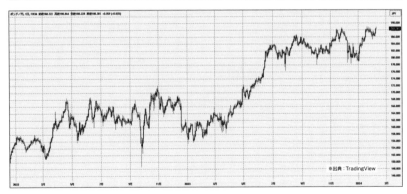

2022年からのポンド／円のチャートです。2022年はレンジで推移していましたが、2023年から上昇トレンドを形成しています。2024年2月現在は188円で推移しており、2023年1月の156円台から30円ほど上昇しています。

※ 2024 年 2 月 11 日時点の情報です

2022年からの豪ドル/円のチャート

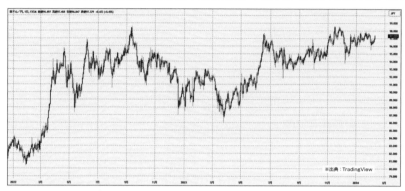

※出典：TradingView

2022年からの豪ドル/円のチャートです。2022年2月から上昇し、2022年9月には98円台をつけています。その後は下落したものの、2023年4月からは上昇トレンドを形成しており、2024年2月現在は97円台まで上昇しています。

2022年からのNZドル／円のチャート

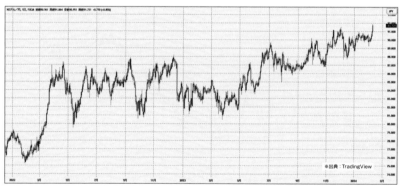

※出典：TradingView

2022年からのNZドル／円のチャートです。2022年から2023年5月までレンジ相場が続いていましたが、2023年5月以降は上昇トレンドを形成しています。2024年2月現在は91円台で推移しており、2023年1月の81円台から約10円上昇しています。

※ 2024 年 2 月 11 日時点の情報です

2022年からのメキシコペソ／円のチャート

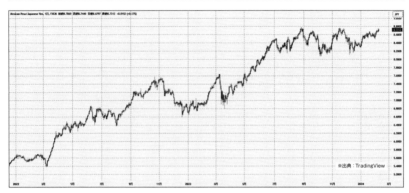

2022年からのメキシコペソ／円のチャートです。メキシコペソ／円は高金利通貨ペアとしてスワップポイントを狙うトレーダーに人気です。2022年4月から右肩上がりで上昇しており、2024年2月現在は8.72円で推移しています。

2022年からのトルコリラ／円のチャート

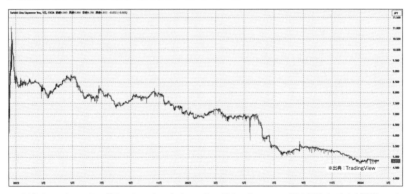

2022年からのトルコリラ／円のチャートです。トルコリラ／円もメキシコペソ／円と同じく、高金利通貨ペアとして人気です。こちらは2022年から下落を続けており、2024年2月現在は4.8円台です。高いスワップポイントが魅力ですが、下落を続けていることから、買いで保有するのはお勧めはできない通貨ペアです。

※ 2024 年 2 月 11 日時点の情報です

2022年からの南アフリカランド／円のチャート

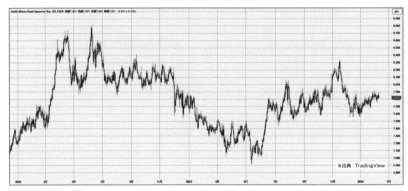

※出典：TradingView

2022年からの南アフリカランド／円のチャートです。南アフリカランド/円も高金利通貨ペアとして人気があります。2022年11月から2023年5月まで下落していましたが、2023年6月からは反発し、2024年2月現在は7.8円台で推移しています。

2022年からのカナダドル／円のチャート

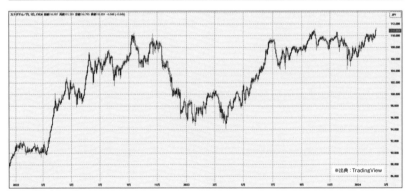

※出典：TradingView

2022年からのカナダドル／円のチャートです。2022年3月から上昇を続けました。2022年11月から2023年にかけては下落しましたが、2023年4月からは再び上昇し、2024年2月現在は110円台で推移しています。

※ 2024 年 2 月 11 日時点の情報です

2022年からのポンド／米ドルのチャート

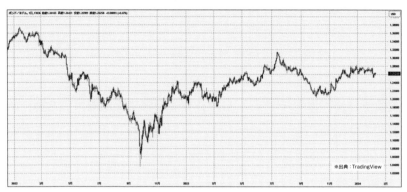

※出典：TradingView

2022年からのポンド／米ドルのチャートです。2022年10月まで下落トレンドでしたが、それ以降は反発しています。2024年2月現在は1.26ドルで推移しており、方向性が出ていない状況です。

2022年からの豪ドル／米ドルのチャート

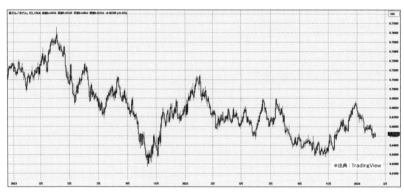

※出典：TradingView

2022年からの豪ドル／米ドルのチャートです。2022年11月まで下落トレンドでした。2022年11月からはいったんは反発しましたが、それ以降はレンジ状態が続いています。2024年2月現在は0.65ドル台で推移しています。

※ 2024 年 2 月 11 日時点の情報です

債券のCFD取引が可能な金融機関もあります

　一部の金融機関では債券のCFD取引も可能です。主な原資産は債券先物です。

　債券とは、政府や企業、自治体などが資本を調達するために発行する金融商品です。債券のイメージとしては借用書のようなもので、投資家は借用書である債券を購入し、その見返りとして利子を受け取れます。

　債券を保有し続ける限り利子が支払われ、償還日がきたら元本が返済されます。債券の購入者は最終的に債券の元本と利子の両方を得ることができます。

　発行体が債務不履行などにならない限りは債券の額面金額が払い戻されるため、金融商品の中でもリスクが限りなく低いとされている金融商品です。

　また、債券は基本的にずっと保有しているものだと考えている人も多いですが、債券は売買することも可能です。

　流通市場で取引することができるため、債券価格は変動します。他の金融商品と同じように、需要と供給が大きな影響を与えます。

　一般的に、債券価格は発行した国の政策金利と逆相関の関係とされています。

　発行時よりも金利が上がると債券価格は下がり、発行時よりも金利が下がると債券価格は上がるということです。

　これは債券の表面利率よりも市場金利が低くなれば、すでに発行されている債券の方が表面利率は高いため、新規に発行される債券よりも魅力的であるとして需要が高まり、価格が上昇するためです。

　一方、市場金利が債券の表面利率よりも上昇すれば、新しく発行される債券の方がすでに発行されている債券よりも表面利率が高くなるため、すでに発行されている債券の需要は低下するという仕組みです。

　例えば、表面利率が 3% の債券があるとします。もし、金利が 4% に上がった場合、表面利率 3% の債券よりも金利 4% に上昇した時に発行される債券を買ったほうが表面利率は良いため、利率 3% の既発債の需要は下がります。欲しい人がいなくなるため、表面利率が 3% の債券の価格は下落するということです。

　反対に、金利が 2% に下がった場合、金利 2% に下落した時に発行される債券よりも表面利率 3% の債券の方が表面利率は良いため、利率 3% の既発債の需要は上がります。需要が上がるため、表面利率が 3% の債券の価格は上昇するということです。

　債券 CFD では、債券価格の変動に対して取引を行い、利益を狙っていきます。

　CFD 取引なので債券の現物保有はしない点には注意が必要ですが、他の CFD と同じようにレバレッジをかけて取引可能です。

　ただし、債券 CFD を取引できる金融機関は非常に少ないため、取り扱っている金融機関かを確認しましょう。

第３章

取引を始める前に必要な準備と心構え

まずは金融機関を選びましょう

　ここまで CFD とはどのような金融商品なのか、取引できる銘柄はどのようなものがあるのかといった、基本的な内容を解説してきました。

　ここからは実際に CFD を取引するために必要なことや、心構えについて解説していきます。

　CFD を取引するためには、まず CFD を取り扱っている金融機関に口座開設し、開設した口座に資金を入金する必要があります。金融機関に口座がなければ取引をすることは不可能です。

　最近は PC やスマホからの口座開設申し込みが主流になっています。金融機関のホームページにアクセスし、ネット上から申し込み書類の記入と必要書類の提出が可能です。

　自宅から簡単に申し込みができ、さらにスマホからだと最短で申し込み翌日から取引可能という金融機関もあります。気軽に口座開設が可能なので、CFD に興味が出てきたという人は、ぜひ CFD 口座を開設をし、チャレンジしてみてください。

　ただし、口座開設をしてみましょうとはいうものの、CFD を取り扱っている金融機関は多岐にわたります。

　さらに、金融機関によって、取り扱っている銘柄が異なります。CFD は株価指数や個別株、為替（FX）、コモディティと幅広い銘柄を取引可能ですが、これら全てを取引できる金融機関は少ない

です。

　例えば、株価指数 CFD は提供している金融機関は多いですが、個別株 CFD や債券 CFD を取り扱っている金融機関は数社しかありません。

　また、同じ個別株 CFD でも外国株は取引できるけれど、日本株は取引できないなど、金融機関によって取り扱っている銘柄に差があります。

　そして、スプレッドやオーバーナイト金利のコスト、デモトレードを提供しているかなども金融機関によって差があります。

　同じ銘柄でも、スプレッドが他の金融機関よりも比較的広めという金融機関があれば、反対に比較的狭めという金融機関もあります。

　そのため、一口に「金融機関に口座開設をしましょう」と言っても、どの金融機関が良いのか悩んでしまう人もいるのではないでしょうか。

　そこで、金融機関を選ぶ際に確認しておくべきポイントを解説していきます。

　金融機関を選ぶ基準は人によって異なりますが、私がチェックしておくべきだと考える主なポイントは以下の 3 点です。

　① **取り扱っている銘柄数**
　② **取引で発生するコストはいくらか**
　③ **取引所 CFD か店頭 CFD か**

これらの詳細については次ページ以降で詳しく解説していきますが、自分が取引したい銘柄を取り扱っているか、取引コストは安いかを確認するのは重要です。

あとは、取引ツールの使い心地はどうか、どんな注文ができるのかも一応確認しておくべきだと思います

これは実際に使ってみないと分かりませんが、デモトレードを提供している金融機関なら実際の取引ツールを使えます。また、スマホアプリだと取引はできませんが、一部の機能を使える場合があるので、インストールしてみて使い心地を確認するのも良いと思います。

もし、取引をするにあたって不安があるなら、サポート面もチェックしておいた方が良いかなと思います。電話対応をしてくれるか、チャットやLINEでも問い合わせができるかなどを確認しておくと、安心して取引ができます。

重要視するべきは銘柄数とコスト面です。投資できる銘柄数が多いほど選択肢が増え、チャンスのある相場を選びやすくなります。

取引したい銘柄を取り扱っているのかを確認しないと、取引したいのに取引できないという事態になってしまいます。

コスト面は利益に関わってくるので重要です。取引コストが小さいほど、最終的な利益を伸ばしやすくなります。特に、実質的なコストであるスプレッドは利益に大きく関わってくるので、絶対に確認しておく方が良いと思います。

CFDを取引できる金融機関は多いですが、できるだけ比較し、自分が取引をしやすいと思える金融機関を見つけましょう。

金融機関を選ぶ際に確認しておくべきポイント

●取り扱っている銘柄数

どんな銘柄を取り扱っているか、自分が取引したい銘柄を取り扱っているか、他の金融機関よりも銘柄数は多いか

●取引で発生するコストはいくらか

スプレッドは広めか狭めか、取引手数料や口座維持費は発生するか、オーバーバイト金利は発生するか

●取引所CFDか店頭CFD

取引所CFDなのか、それとも店頭CFDなのか

銘柄数はしっかりと確認しましょう

　ここからは、私が考える金融機関を選ぶ際に確認しておくべきポイントについて詳しく解説していきます。

　まず確認するべきは、取り扱っている CFD の種類と銘柄数です。

　CFD では株価指数、個別株、コモディティなどさまざまな種類の銘柄を取引可能ですが、どこの金融機関を選んでもこれら全てを取引できるわけではありません。金融機関によって、取り扱っている銘柄が異なる点には注意が必要です。

　例えば、JP225 や NY ダウを取引できる株価指数 CFD を取り扱っている金融機関は多いです。その一方で、ソニーや任天堂などの個別株 CFD を取り扱っている金融機関は少ないといったように、金融機関ごとに取り扱っている銘柄は異なります。

　そのため、自分が口座開設をしようと考えている金融機関ではどんな銘柄が取引できるのかを確認しておかないと、口座開設したのに、取引したかった銘柄を取り扱っていなかったということに繋がります。

　特に、個別株 CFD や債券 CFD については取り扱っている金融機関は少ないため、取引できるかを確認しておかないと、口座開設したのに取引できなかったということになるかもしれません。

　また、金融機関によって銘柄数も異なります。同じ株価指数CFD でも、ある金融機関は A という株価指数は取引できるけれど、

Ｂという株価指数は取引できないというケースがある一方で、ＡとＢの両方を取引できる金融機関もあります。

　金融機関の口座は一社だけしか開設できないというわけではなく、何社でも口座を保有することは可能です。極論で、全ての金融機関の口座を開設し、取引に合わせて口座を替えるという方法もあります。

　しかし、口座開設には審査があり、時間と手間がかかるため、最初に自分が取引したい銘柄があるかを確認することは大切です。

　私としては、ＣＦＤを取引するのであれば銘柄数が多い金融機関をお勧めします。

　なぜなら、ＣＦＤのメリットは株価指数やコモディティ、個別株など幅広い種類の銘柄を取引でき、相場状況に応じて銘柄を乗り換えられることで利益獲得チャンスが増えるという点にあるからです。

　取引可能な銘柄が多いと「あの銘柄が上昇している」「この銘柄を取引してみたい」と思ったら、すぐに取引を始められるという利点もあります。

　銘柄の種類が少ないと投資先の選択肢が少なくなるため、その分チャンスを見つけられる機会が減るというデメリットがあります。

　取引の幅を広げるという意味では、できるだけ銘柄数の多い金融機関を選ぶ方が良いと思います。

　すでにＣＦＤで取引したい銘柄が決まっているのであれば、その銘柄を取り扱っているのかを確認してみましょう。

　取り扱っている銘柄については証券会社の公式ホームページに掲載されているため、口座開設の前に目を通しておきましょう。

取り扱っている銘柄は金融機関によって異なる

- ある金融機関では取り扱っている銘柄が
  他の金融機関では取り扱っていない場合がある

- 個別株CFDや債券CFDを取り扱っている
  金融機関は少ない

選択肢の幅が広がるので銘柄数が
多い金融機関の方がおすすめ!

どのくらいのコストが発生するのかは確認しておきましょう

　銘柄数と並んで、金融機関を選ぶ際に必ず確認しておくべき点は、取引に発生するコストがどのくらいなのかです。具体的には取引手数料やスプレッド、オーバーナイト金利がどのくらい発生するのかをチェックしましょう。

　取引コストは最終的な利益に関わってくるため、金融機関を選ぶ際には非常に重要な要素です。

　例えば、1回の取引で50円の手数料が発生する金融機関と、1回の取引で100円の手数料が発生する金融機関だと、同じ利益を獲得したとしても後者の方が受け取れる利益が小さくなります。

　1回の取引では50円の差ですが、10回トレードすると500円、100回トレードをした場合は5000円の差が生まれます。ちりも積もれば山となるという言葉がありますが、トレードの回数が多くなるほど手数料が少ない方が有利になります。

　そのため、1回の取引ごとにどのくらいのコストが発生するのかは金融機関において非常に重要な要素です。

　金融機関ごとに取引手数料は異なっているため、できるだけ手数料の小さい金融機関を選んだ方が良いと思います。

　とはいえ、昨今では取引手数料が無料という金融機関がほとんどです。そのため、実質的なコストであるスプレッドが広いか狭いかの方が重要とも言えます。

基本的にスプレッドは狭いほどエントリー時の含み損が小さく、広いほどエントリー時の含み損が大きくなります。含み損が大きいほどプラスにするためには大きな値幅が必要になるため、スプレッドが狭い金融機関の方がトレーダーには有利です。

　スプレッドも各金融機関によって異なります。また、常にスプレッドが変動している変動制スプレッドを採用している金融機関がほとんどです。そのため、時間帯や相場環境によってスプレッドが広がりやすくなりやすいので、注意しましょう。

　スプレッドは主に、次のような事例の時に広がりやすくなります。

① 重要イベントの開催や経済指標の発表時

② 災害や戦争、要人発言などの突発的なイベント時

③ 流動性の少ない時間帯

それぞれ解説していきます。

① 重要イベントの開催や経済指標の発表時

　日銀の金融政策決定会合やFOMCのような重要イベント、米雇用統計やCPIといった経済指標の発表時はスプレッドが拡大しやすくなります。そのため、イベント時や指標発表時は取引を控える人も多いです。

② 災害や戦争、要人発言などの突発的なイベント時

　戦争や要人発言などが突発的に発生し、相場が大きく変動している時はスプレッドが拡大しやすくなります。直近の事例だと、コロナショックやウクライナ戦争などで相場が大きく変動した時はス

プレッドが変動しやすくなるので注意が必要です。

③ 流動性の少ない時間帯

　取引への参加者が少ない期間や時間帯もスプレッドは拡大しやすくなります。例えば、年末年始のような長期休暇時は取引をする人が少ないため、スプレッドが開きやすくなるので注意しましょう。

　手数料やスプレッド以外にも、オーバーナイト金利が発生する場合はどのくらいのコストになるのかも確認しておきましょう。

　オーバーナイト金利が発生する場合、日をまたいでポジションを保有している間はコストを支払う可能性があります。

　ポジションを保有しているほどコストが大きくなるため、スイングトレードや年単位で長期保有をしたい人はオーバーナイト金利がどのくらいかを理解しておくのは大切です。

　なお、日をまたいでポジションを持ち越さなければオーバーナイト金利は発生しません。つまり、スキャルピングやデイトレードなど、エントリーしたその日のうちに決済を済ませるのであれば、あまり気にする必要はないということです。

　オーバーナイト金利は金融機関や銘柄によって発生する金額が異なる点に注意が必要です。

　取引コストが大きくなるほど、最終的な利益も少なくなります。そのため、口座開設を考えている金融機関で発生する取引コストを把握し、他社と比較してみることは大切です。

確認しておくべきコスト

●取引手数料はいくらか

引手数料が大きいほど、トレード回数が多くなるにつれて負担も大きくなるので、できるだけ手数料が少ない金融機関を選ぶのが良いと思います。ただし、昨今は手数料が発生しない金融機関がほとんどです。

●スプレッドは広めか狭めか

実質的な手数料であるスプレッドがどのくらいなのかを確認しましょう。スプレッドが狭い方がエントリー時の含み損が小さくなるため、トレーダーには有利です。

●オーバーナイト金利はどのくらいか

ポジションを翌日に持ち越した場合に発生するオーバーナイト金利がどのくらいなのかも確認しましょう。日をまたぐごとに発生する場合もあるため、スイングトレードや長期保有をする人には特に重要です。

取引所CFDなのか、それとも店頭CFDなのか

CFDには取引所CFDと店頭CFDがあり、両方を取り扱っている金融機関はほとんどないと思います。

取引所CFDと店頭CFDでは取引の相手が異なるため、自分が取引する金融機関がどちらなのかを把握しておくことは大切です。

取引所CFDは東京金融取引所に上場する株価指数証拠金取引を介して行われるCFDです。「くりっく株365」という愛称がついており、取引所CFDではなく、くりっく株365と呼ぶときもあります。

日経平均株価やNYダウ、NASDAQ-100など国内外の株価指数、金や原油などのコモディティ関連商品のETFを取引可能です。

取扱株価指数については、それぞれの株価指数提供会社から正式なライセンスを受けています。

取引所CFDのメリットは、透明性が高い点です。くりっく365では「完全マーケットメイク方式」を採用しています。これは、複数のマーケットメイカーに提示されたレートの中から、スプレッドの差が最も小さい組み合わせとなる価格を自動的に抽出して取引価格を提示する仕組みです。そのため、透明性が高く、トレーダーに有利な取引が可能です。

また、取引所CFDは投資者保護基金の対象となっています。そのため、取引所CFDの取扱会社が万一破綻した場合でも、補償を受けることが可能です。投資家保護にも注力しているため、安

心して取引できます。

　取引所 CFD のデメリットは、取引できる銘柄が比較的少ないことです。取り扱っている銘柄は日経平均や NY ダウ、FTSE100 などの原資産が株価指数の 6 銘柄と、金や原油などの ETF が原資産の 4 銘柄で、合計 10 銘柄です。

　個別株 CFD や債券 CFD は取り扱っておらず、小麦やコーヒーなどの商品 CFD も取引できないという点は物足りなさを感じるかもしれません。

　一方の店頭 CFD とは、トレーダーと金融機関が直接取引する CFD です。金融機関がトレーダーに購入価格と売却価格を提示し、提示された値段でトレーダーが売買します

　店頭 CFD のメリットは、取り扱い銘柄が多いという点です。金融機関によって異なりますが、取引所 CFD と比較すると銘柄数は店頭 CFD の方が多い傾向です。また、個別株 CFD や債券 CFD などを取引できるのは店頭 CFD です。

　デメリットとしては、金融機関ごとに取引のルールや銘柄、スプレッドなどが異なる点です。取引価格を金融機関が決められるため、コストが安い金融機関もあれば、コストが高めの金融機関もあるということです。そのため、取引所 CFD よりも透明性がやや低いと考えられます。

　私としては、取り扱い銘柄が比較的多い傾向にある店頭 CFD の方が、選択肢が多くて、チャンスのある銘柄に乗り換えやすいと思うので、店頭 CFD の方をおすすめします。

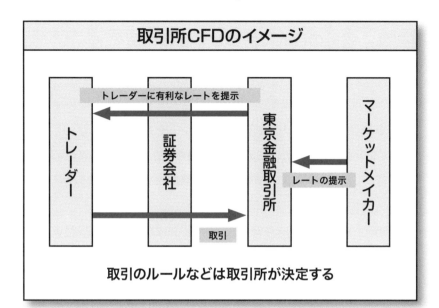

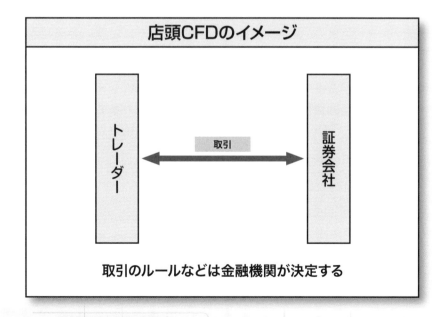

自分の目的に合わせて金融機関を選びましょう

　金融機関びでチェックするべきポイントを解説しました。これらのポイントを踏まえると、これから CFD を始める人は「銘柄の種類が豊富で、なおかつコストが低い金融機関」を選ぶのが良いというのが結論です。

　CFD は 1 つの口座で日経 225 や NY ダウなどの株価指数、原油や金などのコモディティ、個別株や ETF などのさまざまな銘柄をレバレッジ取引ができるというのが強みであり、銘柄が多い金融機関の方が選択肢が増えるという大きなメリットがあります。

　また、取引コストが低いほど最終的な利益を取りやすくなるため、スプレッドが狭く、オーバーナイト金利もできるだけ低い金融機関が良いということです。

　それらを踏まえると、「取り扱っている銘柄が多くて、なおかつコストが安い金融機関」がおすすめということになります。

　とは簡単に言うものの、現実的にそんな金融機関はなかなか存在しないと思います。

　CFD の銘柄数は金融機関ごとに異なっているため、コストが低い金融機関が自分の取引したい銘柄を取り扱っているとは限りません。

　反対に、自分が取引したいと考えている銘柄を取り扱っているけれど、スプレッドが他の金融機関よりも広くてコストが高めという場

合もあります。

　例えば、株価指数については CFD を提供している金融機関のほとんどで取り扱っています。そのため、スプレッドなどのコスト部分を比較し、コストが安めの金融機関を選びやすいという点はあります。

　一方で、個別株 CFD や債券 CFD 取り扱っている金融機関が少ないため、これらを取引したい人はある程度コストが高くても我慢する必要があります。

　銘柄数で選ぶとコストが大きくなる可能性があり、コスト面で選ぶと取引の幅が狭まるかもしれないというジレンマに陥る可能性が高く、理想である「銘柄の種類が豊富で、コストの安い金融機関」で取引するのは非常に困難と言えます。

　そのため、取引の条件に関してはある程度の妥協は必要です。自分の取引目的に応じて、どちらかを優先させましょう。

　例えば、単純に CFD を取引したいというのであれば、取引コストが低めの金融機関を選ぶ方がメリットは大きいと思います。

　反対に、個別株 CFD や債券 CFD のように取り扱っている金融機関が少ない銘柄を取引したいのであれば、コスト面はある程度は妥協し、目的の銘柄を取り扱っている金融機関を選びましょう。

　なんにせよ、CFD を取引する金融機関を選ぶ際は、取引できる銘柄数が多いか、スプレッドなどの取引コストが低いかを基準に、自分の目的に応じて選択していく方法が良いと思います。

金融機関を選ぶ基準

● **取引可能な銘柄数が多いか**

   ➡️ 銘柄が多い金融機関の方が取引の幅が広がる

● **スプレッドや手数料などのコストが安いか**

   ➡️ スプレッドが狭い金融機関の方が利益をだしやすい

現実的には2つの条件を
満たす金融機関は少ない

自分の目的に合わせて金融機関を選ぶのが良い

● 多くの金融機関が取り扱っているメジャーな銘柄を取引
するのであればコストが低い金融機関が良い

● 取り扱いが少ない銘柄を取引したいなら銘柄数が多い
金融機関の方が良い

口座開設は6ステップで可能

　取引したい金融機関を決めたのであれば、次は口座開設を申し込みましょう。

　基本的にほとんどの金融機関において、口座開設は無料で申し込みができます。口座維持費や管理費なども発生しないことがほとんどなので、気軽に口座開設ができます。

　ただし、一定期間の取引がないなどの条件によっては何らかの維持費が発生する場合があります。そのため、申し込み前に維持費などが発生するかを確認しておく方が無難です。

　また、CFD は専用口座の開設が必要な金融機関もあります。例えば、最初の口座開設は総合口座で、総合口座を開設後に CFD 専用口座を別途で開設しないと、CFD の取引ができない金融機関もあります。口座開設申し込み時に CFD の専用口座を開設するか聞かれる場合もあるので、その場合は CFD の口座開設も同時に行いましょう。

　口座開設は、主に以下の流れです。

① 金融機関のホームページから口座開設を申し込む

② 口座開設申込書を記入し、必要書類を提出

③ 審査結果を待つ（開設ができないこともある）

④ 審査に通過したらログイン ID とパスワードが届く

⑤ 届いたログイン ID とパスワードを使って口座にログイン

⑥ 口座に入金すれば取引を開始可能

　金融機関によって多少異なる点もありますが、大筋としてはこの流れです。問題なく進めば6ステップで取引を開始できるようになります。難しい書類作成などは必要ありません。口座開設の流れについて、詳しく解説していきます。

① 金融機関のホームページから口座開設を申し込む

　まずは金融機関の公式ホームページにアクセスし、「口座開設」から申し込みを行います。インターネットさえ繋がっていれば、PCやスマホから簡単に申し込みが可能です。

② 口座開設申込書を記入し、必要書類を提出

　口座開設申込書に名前や住所などの必要事項を記入し、各種規約などを確認して承諾した後は、本人確認書類を提出します。

　本人確認書類はマイナンバーカードや運転免許証、住民基本台帳カード、印鑑証明書などが必要です。1種類の本人確認書類だけで良い金融機関もあれば、2種類の本人確認書類の提出が必要な金融機関もあります。

　本人確認書類の提出は、パソコンやスマートフォンから提出が可能です。スマートフォンならその場で撮影して提出でき、取引開始までの日時が最短で翌営業日という金融機関もあります。

　また、マイナンバーの提出も必須です。マイナンバーカードがあれば1枚で本人確認書類とマイナンバーの条件を満たすケースもある

ので、非常に便利です。

③ 審査結果を待つ（開設ができないこともある）

本人確認書類を提出したら、あとは審査に通過するのを待ちます。注意するべきなのは、審査は必ず通過するわけではないということです。審査に落ちる時もあり、その場合は口座開設ができないため、他の金融機関を選択することになります。

なお、審査に落ちても口座開設の再申し込みはできるので、時間を置いてから再申し込みをするのが良いと思います。

④ 審査に通過したらログイン ID とパスワードが届く

審査に通過した場合、金融機関からログイン ID とパスワードが郵送もしくはメールで届きます。

⑤ 届いたログイン ID とパスワードを使って口座にログイン

届いた ID とパスワードを使って口座にログインします。初期設定が必要な場合もあります。

⑥ 口座に入金すれば取引を開始可能

口座にログインできたら、あとは入金すれば取引を開始できます。インターネット上から入金もできるので、スピーディに取引に移れます。

すでに金融機関に総合口座を開設している人や総合口座のみを開設した場合は、そこから CFD 専用口座を開設する必要があります。

口座開設自体は全く難しくはなく、インターネットに繋がっている端末があればすぐに開設申し込みが可能です。

もしCFDに興味があるのであれば、迷わずCFD口座を開設してみましょう。

口座開設の主な流れ

① 金融機関のホームページから口座開設を申し込む

CFD口座を開設したい金融機関のホームページから「口座開設」をクリックすると申し込みページが表示されるので、指示に従って進めていく。

② 口座開設申込書を記入し、必要書類を提出

申し込み書類に氏名や住所、資産状況などを記入し、必要書類と一緒に提出。書類の提出はPCやスマホから行える。郵送でも可能。

③ 審査結果を待つ

必要書類を提出したら審査に通過するのを待つ。審査は必ず通過するわけではなく、落ちる可能性もあるので注意。

④ 審査に通過したらログインIDとパスワードが届く

審査に通過したらログインIDとパスワードが記載された口座開設通知が郵送もしくは登録したメールアドレス宛てに届く。これで口座開設は完了。

⑤ ログインIDとパスワードを使って口座にログイン

届いたログインIDとパスワードを使って口座にログインする。ログイン後に初期設定が必要な場合は設定を行う。

⑥ 口座に入金すれば取引を開始できる

無事に口座にログインできたら、後は必要な資金を入金すれば取引できるようになる。入出金はインターネットでの振り込みが可能。

口座開設に必要な書類一覧

運転免許証、運転経歴証明書、パスポート、マイナンバーカード、在留カード、年金手帳、印鑑証明書、各種健康保険証など（金融機関によって提出できる書類が異なる可能性あり）

マイナンバーの提出は必須

金融機関で取引をするためにはマイナンバーの提出が必要です。マイナンバーカードは本人確認書類と兼用できる場合が多いため、作成しておくと便利です。

本番の前にデモトレードで練習してみましょう

　金融機関にCFD口座を開設し、入金を済ませたらトレードを開始できますが、少し待ってください。トレードが初めてという初心者は「CFDはどうやってトレードをするのだろう」と不安に思っているかもしれません。

　また、株式投資をある程度やったことのある人でも、CFDは株式投資とは異なる部分があるため、戸惑うかもしれません。

　スムーズにトレードを始めるためにも、まずはデモトレードで取引に慣れておくのが良いと思います。

　デモトレードとは、仮想資金を使って実際の相場でトレードができるシステムです。本番用の取引ツールを使えるため、実際のトレードとほぼ同じ状況で取引をシミュレーションできます。

　仮想のお金なので勝っても現実の利益として受け取れませんが、失敗しても実際のお金が減らないため、リスクなしでCFD取引を体験できる大きなメリットがあります。

　デモトレードは金融機関のホームページから申し込みをすると利用できるので、CFDがどのような取引なのかを経験してみると良いと思います。

　ただし、デモトレードだからということで現実では不可能なトレードを行う人もいます。いろいろなことを試してみることは大切ですが、遊び半分でやっていては何の意味もありません。

　そこで、デモトレードで確認しておくべき 2 つのポイントを紹介します。

① 注文などの操作方法の確認
② スプレッドがどのくらい広がるか

　この 2 点についてはよく確認しておいた方が良いと思います。

① 注文などの操作方法

　これまで CFD を取引したことのない人は、注文や決済の仕方をどうすればよいのか戸惑うと思います。

　特に、注文方法は成行注文や指値注文、IFD 注文、OCO 注文などさまざまな注文方法があるため、いざ取引を始める際に「どの注文を使えばいいのだろう」、「どう注文を設定すればいいんだろう」と迷ってしまい、取引ができなかったというケースもあります。

　実際、私が CFD についてのメルマガを始めた時も「この注文はどうしたら良いですか」といった質問を受けたこともあります。

　取引をスムーズに行えるように、事前にデモトレードで注文や決済の仕方について練習をしておくと良いと思います。

　また、CFD は株式投資とは注文方法や商品の構造が異なるため、株式投資を経験している人でも戸惑う点はあります。

　例えば、CFD にはスプレッドが存在し、エントリーした瞬間に損をする仕組みですが、これは株式投資にはない仕組みです。

　そのため、株式投資と同じ感覚でトレードすると勝手が違って戸惑ってしまい、思わぬ損失を抱えてしまう可能性があります。

株式投資の経験者であっても、CFD や FX を全く取引してこなかったという人は操作に慣れるという意味で、デモトレードで一通りの注文と決済を試してみると良いと思います。

② **スプレッドがどのくらい広がるか**

　もう一つの重要なポイントはスプレッドです。デモトレードは本番とほぼ同様のレートで取引可能なため、普段のスプレッドがどのくらいの水準なのかを確認しておきましょう。

　また、普段の時間帯だけでなく、FOMC のような重要なイベント時や米雇用統計のような指標発表時にスプレッドがどのくらい動くのかを確認しておくことも大切です。

　基本的にイベントや指標発表の直前になると値動きが激しくなると同時にだんだんとスプレッドが開いていき、イベント時や指標発表時は激しい値動きとともにスプレッドが大きく開く場合が多いです。

　デモ口座で大きなイベントや経済指標がある時のスプレッドと値動きを確認しておきましょう。

　なお、全ての金融機関が CFD のデモトレードを提供しているわけではありません。デモトレードを提供している金融機関もあれば、提供していない金融機関もあるので注意しましょう。

　負けてもリスクがないからこそ本番を想定し、操作方法に慣れることがデモトレードを使う意義です。

　特に、これまでトレードをやったことがない人ほどデモトレードで、CFD がどのようなものかを体験してみるべきだと思います。

デモトレードとは

仮想資金を利用して本番とほぼ同じ環境で
取引できる口座

デモトレードのメリット

- ●無料で利用できる
- ●負けても実際のお金は減らない
- ●本番とほぼ同じ環境で取引を体験できる
- ●リスクがないのでさまざまなことを試せる
- ●取引ツールの操作方法を学べる

注文は3ステップで可能です

　無事に口座開設ができ、入金も済ませたらいよいよトレード開始です。

　取引自体は特に難しいことはなく、以下の3ステップで行えます。

① 取引する銘柄を選ぶ

② 注文を発注する

③ 注文が約定したら取引完了

　イメージよりも簡単な操作で取引を行えます。一つずつ解説していきます。

① 取引する銘柄を選ぶ

　まずは、取引する銘柄を選びます。すでに取引したい銘柄が決まっている人はその銘柄を選択するだけですが、特に取引したい銘柄が決まっていない人は、どの銘柄がいいのか迷ってしまうかもしれません。

　その場合は、日経225やNYダウ、原油、金のような取引している人が多いメジャーな銘柄は流動性が高いので良いと思います。

　また、注文を出す前にチャート分析をしましょう。チャート分析の結果、今はまだ取引する状況ではないと判断したのであれば、無理に注文を出す必要はありません。チャンスが来るまで取引を待つのも勝つためには重要です。

② 注文を発注する

　取引する銘柄が決まれば、次は注文です。まずは買いか売りかを決めましょう。上昇すると予想するなら買い、下落すると予想するなら売りです。

　買いか売りかを決めたら注文の種類を決めます。成行注文、指値注文、逆指値注文などから、相場状況やトレード戦略に合わせて決めましょう。

　そしてロット数を決めます。ロット数とは取引数量のことで、ロット数を上げると成功した時の収益は多くなりますが、失敗した時の損失も大きくなる可能性があります。反対にロット数を下げると失敗した時の損失は小さくなりますが、成功した時の収益は小さくなります。

　また、ロット数が大きいほど必要証拠金も大きくなり、少しの逆行でロスカットになる可能性が増えるため注意が必要です。ロット数を設定したら、注文を発注します。

③ 注文が約定したら取引完了

　注文を出しただけでは取引は完了していません。発注した注文が無事に約定したら取引完了です。約定とは、売買が成立することを意味します。

　保有しているポジションについては、建玉管理などの保有中のポジションを表示する項目から、注文時のレートや含み損益など状態を確認することができます。

決済注文の出し方

　保有したポジションが予想通りに推移し、含み益が大きくなったとします。しかし、含み益はまだ利益になっているわけではありません。決済して初めて自分の利益として手元にやってきます。

　保有しているポジションを決済する方法は、保有中のポジションを表示する項目から決済したいポジションを選択し、決済注文を出し、約定すれば利益が確定します。

　また、予想とは逆行し、含み損が大きくなって損切りしたい場合も、同じように決済したいポジションを選択して決済注文を出し、約定すれば損切り完了です。

　エントリーや決済の注文は難しいことはなく、簡単に行えます。

　しかし、投資をしたことのない人だと、注文画面でどうやって注文を設定すれば良いのだろうと戸惑ってしまい、自分の考えとは異なる注文を出して損失を被ってしまうケースもありがちです。

　そのため、まずはデモトレードでエントリー注文と決済注文を出してみて、操作方法を学んでおくと良いと思います。

　トレードは注文を出したら必ず注文の方向に動いてくれるわけではありません。約定したあとにすぐ逆行して含み損となり、慌てて損切りしたら、予想した方向に戻ってしまい損切りを後悔したというケースはトレードをしていればよくあります。

　勝つためにはどのタイミングでエントリーするか、いつ決済するかを見極めるのが重要な要素です。そのため、注文を違えて思わぬ損失を出さないようにしておきましょう。

取引の主な流れ

① 取引したい銘柄を選ぶ

まずは取引したい銘柄を選択します。どの銘柄を取引するか決めていない場合は、日経225やNYダウ、原油、金のような取引している人が多いメジャーな銘柄がおすすめです。また、チャート分析をして、取引で利益を取れる可能性が高い状況かどうかを確認しましょう。

② 注文を出す

取引する銘柄が決まれば次は注文です。買いか売りか、注文の種類、取引数量などを設定します。相場状況やトレード戦略に合わせて設定を決めましょう。また、取引数量は大きすぎるとリスクが高くなるので注意が必要です。

③ 注文が約定したら取引完了

注文を発注しただけでは取引は完了していません。売買が成立してはじめてポジションを保有したことになります。保有中のポジションについては、建玉管理などの項目から状態を確認することができます。

取引の流れは3ステップで完了する
難しい操作は必要ない

状況に応じて注文方法を使いこなせると、トレードが有利になります

　CFD の注文方法にはさまざまな種類があり、状況に応じて使いこなせれば取引の幅が大きく広がります。

　まずは、基本的な注文方法である成行注文と指値注文を使えるようになりましょう。

●成行注文

　成行注文は買いたい価格、売りたい価格を指定せず、現在の価格で発注する注文方法です。約定が最優先されるため、「今すぐに買いたい」「今すぐに売りたい」など素早く注文をしたい際に使われます。

　基本的には発注時のレートに近い価格で約定することが多いですが、スリッページが発生する場合もあります。

　スリッページとは、注文時のレートと実際の約定レートに生まれる差のことです。

　例えば、100 円時に成行で買いを発注したが、実際に約定した価格が 101 円だった場合は 1 円のスリッページが発生しているということです。これは買いたいと思った価格よりも高い価格で約定しているのでトレーダーに不利なスリッページです。反対に、トレーダー側が有利になるスリッページもあります。

　スリッページの発生は発注から約定までのタイムラグが影響します。発注してから約定するまでの間にレートが変動してしまうと価格にズレが生じるということです。

　特に、値動きが激しい時や注文が集中している時はスリッページが起こりやすいので注意が必要です。

　金融機関によっては注文時にスリッページの許容限度幅を設定することもでき、設定したスリッページ幅を超える場合は注文が約定することを防げます。

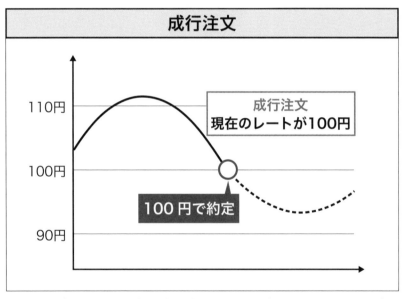

成行注文

110円

成行注文
現在のレートが100円

100円

100円で約定

90円

価格を指定せずに注文する注文方法です。約定を優勢するため、取引が成立しやすいというメリットがあります。基本的に現在の価格水準に近いレートで約定しますが、相場が大きく変動している時は、予想以上に高く買ってしまう場合や、安く売ってしまう場合があります。

●指値注文

　売りたい価格や買いたい価格を指定して発注する注文方法です。今よりも安い価格で買いたい場合や、今よりも高い価格で売りたい場合に使われます。

　例えば、現在の価格が 100 円だとして、95 円まで下落したら買いたいと考えた時に、95 円で買いの指値注文を出します。そして価格が下落して 95 円になったら自動で買い注文を発注してくれます。

　反対に、105 円まで上昇したら売りたいと考えた時は、105 円の売りの指値注文を出すと、価格が上昇して 105 円になったら自動で売り注文を発注してくれます。指定した価格に到達しない限り発注しません。

　指値注文を活用すれば指定した価格に到達した時に自動で注文を出してくれるため、レートやチャートを見なくても良いという点は非常に便利な注文方法です。

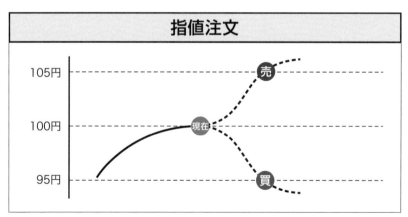

売買する価格を指定する注文方法です。今よりも安い価格で買いたい場合や、今よりも高い価格で売りたい場合に使います。指定した価格に到達した時に自動で注文を出してくれるため、非常に便利です。

他にも便利な注文方法を覚えておこう

　成行注文と指値注文を使えば取引ができますが、他にも注文方法があります。これらを使えるようになると取引の幅が広がるため、ぜひ使えるようになりましょう。

●逆指値注文

　指値注文に似た注文方法として、逆指値注文があります。名前の通り指値注文の反対で、今より高い価格になったら買いたい場合や、今より安い価格になったら売りたい場合に使います。

　例えば、現在の価格が 100 円だとして 105 円まで上昇したら買いたいと考えた時に、105 円の買いの逆指値注文を出します。その後、価格が上昇して 105 円になったら自動で買い注文を発注してくれます。

　反対に、95 円まで下落したら売りたいと考えた時は、95 円の売りの逆指値注文を出すと、価格が下落して 95 円になったら自動で売り注文を発注してくれます。

　指値注文は現在よりも有利な価格で注文を出す注文方法です。一方の逆指値注文は現在よりも不利な価格で注文を出す注文方法です。

　一般的に「不利な価格で注文をする意味があるの？」と思われるかもしれません。しかし、相場状況によっては、不利な価格での取引が有効になる場面があります。

　それは損切りや利益確定の時です。逆指値は損切りや利益確定

の時によく使われます。

　例えば、100 円の時に買いでエントリーしてポジションを持ったとします。上昇すれば含み益になりますが、値下がりしたら含み損を抱えてしまいます。

　もし、95 円まで下落したらいったん損切りをしたいと考えた場合、95 円の売りの逆指値注文を出しておけば、95 円まで下落した時に自動でポジションを売って決済してくれます。

　また、利益を確定したい時の利益確定にも使えます。例えば、100 円の買いポジションを保有していたとして、105 円に上昇したとします。もしそこから 100 円以下まで反落すると含み益が全てなくなるので、102 円まで下落したらいったん利益確定をしたいと考えた場合、102 円に売りの逆指値を入れておけば、2 円の利益確定が可能です。

　このように、保有しているポジションの損切りと利益確定に使えます。

　もう一つの使い方が、ある価格水準を上抜ける、もしくは下抜けた時に上昇または下落に勢いがつく時を狙う場合です。

　例えば、現在は 100 円で、105 円を上抜いたら上昇に勢いが発生しそうだと考えた時に 105 円に設定した買いの逆指値注文を出しておけば、105 円まで上昇した際に自動で買い注文を出してくれます。

　エントリーにも使えますが、逆指値の真価は損切りを自動でしてくれるという点です。メンタルなど関係なく設定したレートに達したら機械的に損切りしてくれるため、逆指値注文を損切りに活用しているトレーダーは多いです。

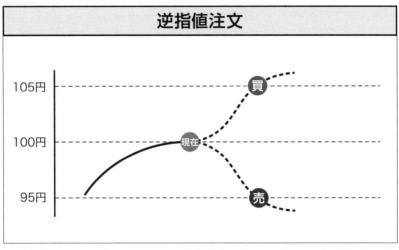

今の価格より高くなったら買いたい、もしくは今の価格よりも安くなったら売りたいときに使用する注文方法です。主に、自動的に損切りしたい時に使用されます。また、ブレイクアウトを狙いたい時に効果的な注文です。

● OCO 注文

使いこなせれば便利な注文が OCO 注文です。OCO 注文は 2 種類の注文を同時に出し、一方の注文が約定したら、もう一方の注文は自動的にキャンセルされる注文方法です。

例えば、100 円の時に買いポジションを取ったとして、110 円まで上がったら利益確定の売り注文、逆に 95 円まで下がったら損切りの売り注文を発注したいと考えたとします。この時に OCO 注文を使えば、両方の注文を発注することが可能です。

仮に、110 円まで上昇して利益確定の売り注文が約定したら、95 円の売り注文はキャンセルされます。

OCO 注文を使えば自動で利益確定と損切りの両方をしてくれる

ため、日ごろチャートを確認しにくい忙しい人には非常に便利な注文方法です。

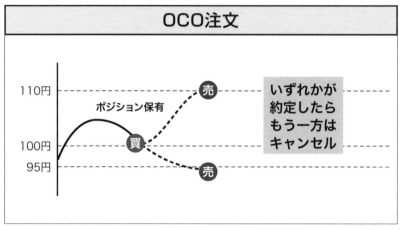

OCO注文

110円 ----- 売

ポジション保有

100円 ----- 買

95円 ----- 売

いずれかが
約定したら
もう一方は
キャンセル

2種類の注文を同時に出しておき、どちらか一方の注文が成立したら、もう一方の注文はキャンセルされる注文方法です。利益確定の注文と損切の注文を同時に出したい時などに役立ちます。

● IFD 注文

新規注文と同時に決済注文を同時に発注する注文方法です。決済注文は指値注文か逆指値注文のどちらかです。IFDとは「If done」の略で、イフダン注文とも呼ばれます。

使い方としては、エントリーと同時に利益確定の指値注文を発注したい、もしくはエントリーと同時に損切りの逆指値注文を発注したい時に使います。

例えば、現在価格が100円だとして、95円まで下落したら買い注文を出し、そのまま110円まで上昇すれば利益確定の売り注文というエントリーの指値注文と利益確定の指値注文をセットで発

注できます。または、現在価格が 100 円だとして、95 円まで下落したら買い注文を出し、もし予想と逆行して 90 円まで下落したら損切りの売りというエントリーの指値注文と損切りの逆指値注文をセットで出せます。発注しておけばエントリーから利益確定までを自動で行ってくれるため、便利な注文方法です。

　ただし、決済注文は指値か逆指値のどちらかのみです。利益確定の指値注文にしたら損切りの逆指値注文はできないため含み損が広がる可能性があります。

　反対に、損切りの逆指値注文にしたら利益確定の指値注文はできないため、利益確定のチャンスを逃す可能性があります。

　便利な反面、一定のデメリットがあることも理解しておきましょう。

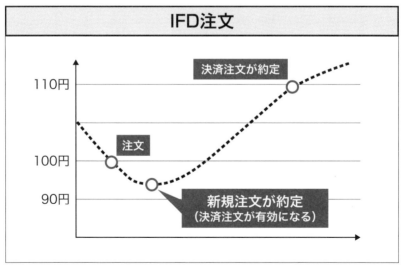

新規注文と決済注文を同時に出し、新規注文が約定後に決済注文が自動的に有効になる注文方法です。発注しておけばエントリーから利益確定までを自動で行ってくれるため、使いこなせれば非常に便利です。

● IFO 注文（IFDOCO 注文）

　IFD 注文と OCO 注文を組み合わせた注文方法が IFO 注文です。新規注文と同時に損切り注文と利益確定の注文を発注し、片方が約定したら片方がキャンセルされます。

　例えば、100 円になったら新規で買いエントリー、そのまま上昇して 110 円になったら売って利益確定、逆に下落して 95 円になったら損切りという設定をした IFO 注文を出したとします。

　そして、価格が 100 円になったら新規の買い注文を約定して買いポジションを持ちます。その後、110 円まで上昇したら利益確定の注文が約定し、もう一方の 95 円になったら損切りの注文は自動的にキャンセルされます。

　もし、100 円から下落して 95 円になったら損切りの注文が発動し、利益確定の注文はキャンセルされます。

　IFO 注文は発注しておけば、新規注文から利益確定までを自動で行ってくれます。また、相場が逆行したとしても自動で損切りを行ってくれる便利な注文方法です。

　忙しくて相場に向き合えない人にとってうってつけといえます。

　これらの注文以外にも、トレール注文やストリーミング注文などがありますが、IFD、OCO、IFDOCO は利益確定や損切りを自動で取引をしてくれるので、トレードを有利に進めていけます。まずはこれら三つを使いこなせるようになりましょう。

　それぞれの注文方法を体験してみたいのであれば、デモトレードで注文を出してみるのがおすすめです。なお、注文の種類や設定方法は金融機関によって異なる場合があります。

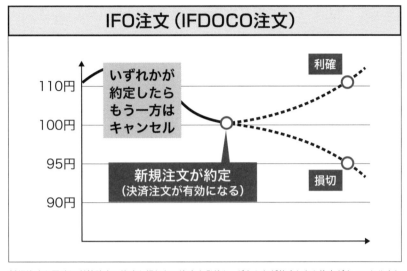

新規注文と同時に利益確定の注文と損切りの注文を発注し、どちらかが約定したら片方がキャンセルされる注文方法です。新規注文から利益確定、さらには相場が逆行した場合に自動で損切りを行ってくれます。

リスク管理のために逆指値をいれましょう

　トレードは必ず勝てるわけではありません。プロップトレーダーや機関投資家のような百戦錬磨のトレーダーでも時には損失を出します。私自身、トレードでいつも勝てているわけではなく、損失を出してしまう時はあります。

　100％勝てるわけではないからこそ、できるかぎり損失を小さく抑えることがトレードで利益を取っていくためには重要です。

　損失を小さくするために、当初のシナリオと異なってしまった時には早めに損切りをして損失の拡大を防いでいくことが大切です。

　損切りとは、保有しているポジションに含み損が出たときに決済をして、損失を確定する行為です。含み損の状態は実際の損失にはまだなっておらず、将来の値動きによっては含み損から含み益になる可能性もあります。

　含み益になる可能性があるのなら損切りをしなくても良いのではと思う人もいるかもしれません。しかし、将来の値動きは誰にも分かりません。

　全く好転する気配がないばかりか、どんどん損失が大きくなってしまう可能性も大いにあります。相場がどう動くか分からないからこそ、損失が広がらないように損切りをするのが大切なのです。

　特にCFDやFXのようなレバレッジをかけられる取引では資金以上の投資ができるため、損切りをしなかった場合は損失がより大

きくなる可能性があります。最悪でロスカットになってしまい、資金のほとんどを失ってしまう場合もあります。

　そのため、レバレッジ取引では一定の水準まで含み損が発生したら損切りをして傷を浅くし、仕切り直すことが非常に大切です。

　しかし、「損切りをしましょう」と言葉で言うのは簡単ですが、実際に相場と向き合っている状況だと、頭では損切りしないといけないと理解していても実行に移すのは至難の業です。

　損切りは損失を確定させる行為なので、心理的に非常にストレスがかかります。例えば、ここで損切りしたらお金が 1 万円なくなると考えたら、ためらってしまう人は多いと思います。

　損失を出したくないがために、「もうすこし待ったら含み損が減るかもしれない」「何日かほったらかしていたら含み益になるかもしれない」と損切りができずに見なかったことにしてしまい、そのままほったらかしにしていたら損失が膨らんでいたというケースもありがちです。

　さらに、目視で損切りをするにはチャートを見ながら注文を出す必要があるため、忙しくてチャートから目を離していたら、いつのまにかロスカットになっていたというケースもあります。

　そこで、活用したいのが逆指値注文です。逆指値注文とは、「株価が〇〇円以上になったら買い」「株価が〇〇円以下になったら売り」という注文を出せる注文方法です。

　買いポジションを保有しているなら逆指値で損切りしたいラインに売り注文、売りポジションでは逆指値で損切りしたいラインに買い注文を設定しておけば、価格がそのラインに到達した際に自動的に発注し、損切りをしてくれます。

例えば、1000円で買ったポジションが950円まで値下りしたら損切りしたいと考えた場合、950円に設定した売りの逆指値注文を発注しておけば、実際に価格が950円まで下落した際に自動で売り注文を実行してくれます。

逆指値注文は自動で注文を出してくれるため、損失を出すのが嫌で損切りができない人や、忙しくて相場に向き合えない人でも効果的に損切りが可能です。

リスクを減らすためにも、基本的にポジションを保有したら逆指値注文は必ず入れておくべきだと私は思っています。

要注意①
CFD の利益には税金が発生します

CFDで注意するべきはトレードだけではありません。取引して得た利益に対する税金を支払う必要があります。支払わなければ脱税になるので必ず支払いましょう。

CFDは株式投資の特定口座のように金融機関が譲渡損益を計算して源泉徴収をしてくれる仕組みはありません。そのため、自分で確定申告をする必要があります。金融機関が代行してくれるだろうと確定申告をしなかった場合、ペナルティとして追徴課税になる場合があります。

CFDで税金が発生するタイミングは決済が完了した時です。保有しているポジションに含み益や含み損が発生しても課税対象には

なりません。

CFD の税金区分は雑所得として申告分離課税が適応されます。2024 年 2 月時点での税率は所得税 15%、住民税 5%、復興特別所得税 0.315% の合計 20.315% です。

申告分離課税とは、他の所得とは合計せずに分離して税額を計算し、確定申告によって納税する課税方式です。

所得税は給与所得や事業所得、配当所得などの総合課税です。総合課税とは対象の所得を全て合計して税額を決める課税方法です。

しかし、CFD は申告分離課税であるため、給与所得や事業所得などとは合算できません。CFD の利益に発生する税金は単独で計算されるということです。

CFD は FX や先物取引のような「先物取引に係る雑所得」との損益通算が可能です。

損益通算とは、一定期間の利益と損失を相殺することです。例えば、CFD で 500 万円の利益を得て、かつ FX で 100 万円の損失を出したとします。その場合、利益と損失を相殺させると、500 万円から損失分の 100 万円を引いた 400 万円分のみに課税されます。ただし、CFD は株式投資とは損益通算はできません。

また、取引において損失が発生した場合でも確定申告を行った方が良い場合もあります。

なぜなら、損益通算をしてマイナスになってしまう場合は、損失の繰越控除ができるからです。

繰越控除とは、確定申告を行うことで、損失分を翌年以降の利益と相殺することができる仕組みです。

例えば、株価指数CFDで50万円の利益が出たとします。一方で、商品CFDで100万円の損失が出た場合、損益通算をすると損失が50万円分残ることになります。

　翌年、CFDを取引して合計で30万円の利益が出た場合、前年の50万円の損失と相殺でき、この年の30万円の利益には税金がかからないという仕組みです。

　そして、50万円の損失から30万円の利益を引いた場合、まだ20万分の損失が残ります。この損失をさらに翌年の利益と相殺することが可能です。

　繰越控除は損失が発生した翌年以降、最長3年間利用できます。ただし、繰越控除の期間中は取引の有無にかかわらず、毎年確定申告を行う必要があります。確定申告をしなかったら繰越控除がされないので注意しましょう。

　ちなみに、CFDの確定申告では経費計上も可能です。例えば、トレードに使うパソコンやスマートフォンなどの購入費用、トレードの勉強をするための新聞や書籍の購入費用、セミナーの受講費用や交通費などを経費として計上できます。

　人によっては確定申告が不要なケースもありますが、繰越控除の適応を受けるには確定申告が必要です。

　会社員だと確定申告をしたことがないという人も多く、面倒くさいと思うかもしれません。しかし、面倒くさいからと申告を怠った場合、追徴課税を受けてしまい、結果として大きく損をしてしまうかもしれません。納税は忘れないようにしましょう。

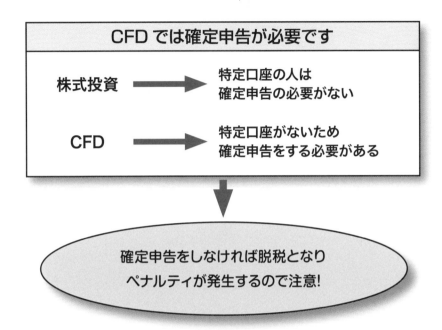

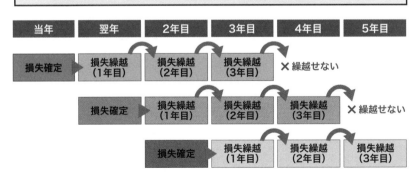

確定申告をすれば、CFDで発生した損失を翌年以降の利益と相殺することができます。繰り越しの期間は損失が発生した翌年以降の3年間で、その間は取引の有無に関わらず、確定申告をする必要があります。

要注意②
無登録の海外業者はおすすめできません

　昨今は投資に関する情報発信をしている人が増えており、インターネットで検索すると、ブログやSNS、動画などで投資に関するさまざまな情報を得ることができます。

　私自身、有料のメールマガジンでエントリーポイントやトレード戦略を配信しており、資産形成の方法をレクチャーしています。

　インターネット環境が発達した現在は、投資に関する情報収集や投資を学ぶことが誰でも簡単にできる便利な時代になっています。

　一方で、インターネットの投資情報の中には、金融庁に無登録の海外業者への口座開設や取引を勧めてくる場合があります。

　無登録の海外業者はレバレッジ25倍以上で取引可能、追証が発生しないゼロカットシステム、銘柄が豊富、キャッシュバックキャンペーンが充実しているなど、トレーダーにとってつい口座開設をしたくなるような魅力的なポイントを宣伝しています。

　しかし、私は無登録の海外業者での取引をお勧めしません。その理由として、海外業者は日本の業者よりもトラブルのリスクが大きいからです。

　日本で金融商品取引業を行うには金融庁に登録をする必要がありますが、これは投資家保護の観点から重要なことです。金融庁に登録をしていることで一定の信頼性が担保されますし、何らかのトラブルが起きた際は金融庁が指導を行うことができます。

　一方で、金融庁に登録をしていない業者だとトラブルが起きた際に追及が難しく、特に海外に拠点がある無認可の業者だと泣き寝入りになる可能性があります。

　無登録の海外業者によくあるトラブルとしては、出金を求めても応じてもらえないというケースです。仮にトレードで勝ち続けて利益を出していたとしても、口座から出金できなければ手元にお金が入らないので、利益を出したことが無意味になります。おまけに、最初に入金したお金も失ってしまいます。

　さらに、問い合わせも英語などの日本語以外でしなければならない海外業者も多く、ある程度の語学力がないとトラブルが起きた際に問い合わせが非常に難しいという場合もあります。

　また、無登録の海外業者の中には明確な詐欺業者も存在し、入金したら連絡が取れなくなるというケースもあります。国内の登録業者と比較するとリスクが高いことから、無登録の海外業者で取引するのは止めておいた方が無難です。

　ただし、海外業者の全てが危険というわけではありません。日本の金融庁に登録している外資系の金融機関は日本の法律や規則に従って運用しているため、安全性が高いと言えます。

　また、無登録の海外業者での取引は違法というわけではありません。仮に海外業者が違法行為をしていたとしても、ユーザー側は罰則を受けることはないので、その点は心配ありません。

　無登録の海外業者の取引は違法ではないですし、トレーダーにとってレバレッジ面やキャッシュバックキャンペーンなどの利点も大きい反面、トラブルが起きた際は全て自己責任で、泣き寝入りになっ

ても仕方ないというリスクがあるということです。

　無登録の海外業者はメリット面もありますが、お金を失ってしまうリスクを考えると、無登録の海外業者で取引するのは止めた方が無難だと思います。

無登録の海外業者はリスクが高い

- ●出金に応じてもらえなくなる場合がある

- ●急に連絡が取れなくなるケースもある

- ●英語でやり取りをしなければいけない場合があり、
  ある程度の英語力が必要

- ●拠点が海外にある場合は追及が難しく、
  泣き寝入りになる可能性がある

- ●明確な詐欺業者の可能性もある

                                    など

無用なリスクを減らすためにも
無登録の海外業者は避けた方が無難

第4章

元機関投資家トレーダー堀江のCFDトレード術【前編】

まずは基本のローソク足を理解しましょう

　CFD を取引するにあたって、チャート分析は必須です。チャートの動きを読めないと取引で勝つことは、ほぼ不可能と言っても過言ではありません。

　チャートとは、過去の値動きを表したグラフです。1分、1時間、1日、1週間、1か月の間に、価格がどのように動いたのかが描かれており、チャートを読めば相場の方向性や法則をとらえることができます。

　チャートにはラインチャートやバーチャートなどがありますが、一般的によく見られているのはローソク足が並んだローソク足チャートです。形状がろうそくの形に似ていることから、ローソク足と呼ばれています。

　ローソク足は一定期間の高値、安値、始値、終値の4本値を1本の線で表したものです。例えば、1時間足なら1本が1時間の4本値、日足なら1本が1日の4本値、月足なら1本が1か月の4本値を表しています。

　高値とはローソク足を形成している期間のうち、最も高くなった価格です。安値は高値とは反対で、ローソク足を形成している期間のうち、最も安くなった価格です。始値はローソク足を形成している期間が始まったときの価格です。終値はローソク足を形成している期間が終わったときの価格です。

　始値より終値のほうが高いローソク足は陽線と呼ばれ、前のローソク足よりも価格が上昇していることを示しています。

　反対に、始値より終値の方が低いローソク足は陰線と呼ばれ、前のローソク足よりも価格が下落していることを示しています。

　一般的に、陽線は白色や赤色、陰線は黒色や青色で表されることが多いです。

　ローソク足の四角い部分は実体、実体から伸びた線はヒゲと呼ばれ、実体から上に伸びている線は上ヒゲ、実体から下に伸びている線は下ヒゲと呼ばれます。

　上ヒゲは一時的に価格が上昇したものの、押し戻されたことを示します。上ヒゲの頂点が高値で、そのローソク足の中で一番高い価格を表しています。

　下ヒゲは反対に、一時的に価格が下落したものの、押し上げられたことを示します。上ヒゲの底が安値で、そのローソク足の中で一番安い価格を示しています。

　ローソク足を見ればその期間にどのように価格が動いたのか、そして過去からどのように価格が推移してきたのかが一目で分かります。

　ローソク1本あたりの期間を変更することもできます。5分足ならローソク1本が5分間における価格の推移、1時間足ならローソク足1本が1時間における価格の推移、日足ならローソク足1本が1日における価格の推移を表します。

　ローソク足の時間軸は自分の取引手法やトレードスタイルに合わせてチャートの期間を切り替えることが大切です。

例えば、スキャルピングのような短期トレードなら1分足や5分足、スイングトレードのような中長期のトレードなら日足など、自分の取引スタイルに合わせながら取引していきましょう。

ローソク足を読むことは相場分析において基本中の基本です。

ローソク足とは

ある期間における始値、終値、高値、安値の4つの価格を表した線

始　値	ローソク足の期間において、一番初めにつけた価格
終　値	ローソク足の期間において、最後につけた価格
高　値	ローソク足の期間において、一番高い価格
安　値	ローソク足の期間において、一番安い価格

ローソク足の形状やパターンにより、トレンドの継続や反転が示唆される場合があります。

　これから CFD を始めるのであれば、ローソク足について理解しておきましょう。すでにトレードを経験している人も、もう一度、ローソク足の基本について復習しておくことは大切です。

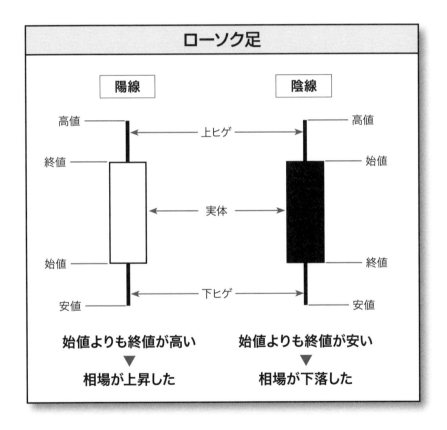

現在のローソク足と一つ前のローソク足に注目しましょう

　私はローソク足の動きを重視しています。チャート分析では、テクニカル指標を重要視する人が多いと思いますが、その前にまずはローソク足を見ることが何よりも大切です。

　注目するべきは、ローソク足が一つ前のローソク足の高値を超えるか、それとも、一つ前のローソク足の安値を下抜くのかです。

　その理由は、相場が上昇していく時は必ず一つ前のローソク足の高値を超えていくからです。一つ前のローソク足の高値を超えずに上昇していくということは、理論上ありえません。

　そのため、相場が上昇していくかどうかの分析では、「今のローソク足が一つ前のローソク足の高値を超えることができているのか」という部分に注目して見ていくと、目先の相場は上昇しやすいのかどうかということが分かります。

　仮に、一つ前のローソク足の高値を超えられず、安値を割り込むと、相場の下落が始まるサインになりやすいということです。

　下落時も同じです。相場が下落している時は必ず一つ前のローソク足の安値を下抜きます。

　つまり、「今のローソク足が一つ前のローソク足の安値を下抜くことができているのか」という部分に注目すると、相場が下落する可能性が高いのかが分かるということです。

　もし、今のローソク足が一つ前のローソク足の安値を割り込めず

に、高値を超えたということは、上昇に転換するかもしれないということです。

　非常に単純で当たり前の話ですが、だからこそローソク足を意識しながら全てのチャートを見ていくことが重要ということです。

　実際のチャートで見てきます。次頁チャート①はナスダック 100 先物のチャートですが、上昇時のローソク足の動きを見てみると、一つ前のローソク足の高値を超える動きが継続しています。

　相場が上昇していくかどうかはローソク足の動きを見れば分かるということです。

　チャートが視覚的に下がってきた場合に、安くなっていると考えて逆張りで買いをする人もいます。しかし、ローソク足が一つ前の安値を割り込んでいるので、買いエントリーをしても相場は戻りにくいということです。

　チャートは見ているものの、漠然と今のチャートは右肩上がりだから上昇しているな、今のチャートは右肩下がりだから下落しているなという部分しか見ていない人は多いと思います。

　そうではなくて、今のローソク足が一つ前のローソク足の高値を超えているのか、もしくは安値を割り込んでいるのかという部分に注目して見てみてください。相場が目先どちらの方向に動きやすいのかが分かります。

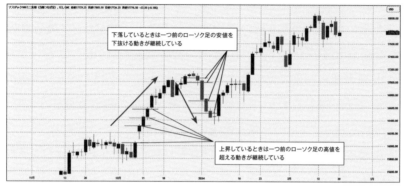

下落しているときは一つ前のローソク足の安値を
下抜ける動きが継続している

上昇しているときは一つ前のローソク足の高値を
超える動きが継続している

上昇時は一つ前のローソク足の高値を超えていく動きが続いており、下落時は一つ前のローソク足の安値を
下抜く動きが続いています。そのため、今動いているローソク足が一つ前のローソク足の高値や安値を超え
るかどうかに注目すると、目先の相場が上昇しやすいのか、下落する可能性があるのかを判断できます。

相場で勝つためには
テクニカル分析をしましょう

テクニカル分析とは、過去の値動きを基に分析を行い、将来の価格がどのように動いていくのかを予想する分析方法です。基本的にチャートを使い、値動きや形状から将来的に上昇する確率が高いのか、それとも下落する確率が高いのかを判断していきます。

私が前項で解説した、今のローソク足が一つ前のローソク足の高値を超えるか、それとも一つ前のローソク足の安値を下抜けるかで相場を判断する方法もテクニカル分析と言えます。

一般的にテクニカル分析をする場合、テクニカル指標と呼ばれている指標を使います。テクニカル指標は過去の価格やチャートの動きを基に算出された数値をチャート上に線やグラフなどで表示するものです。

テクニカル指標は大別すると、トレンド系とオシレーター系の2種類があります。トレンド系指標とオシレーター系指標については以下に解説していきます。

トレンド系指標

現在の相場が上昇傾向なのか、下落傾向なのか、それともレンジなのかという相場の方向性を見極めるためのテクニカル指標です。以下はトレンド系テクニカル指標の代表例で、使用しているトレーダーも多いです。

●移動平均線

一定期間の価格を平均化し、チャート上に線で結んだ指標です。例えば、5日移動平均線なら直近5日間の平均値を線で結んでいるということです。一般的に終値の平均値で計算されています。

よく使われているのが単純移動平均線（SMA）で、その他にも直近の価格に比重をかけて計算する指数平滑移動平均線（EMA）や加重移動平均線（WMA）があります。テクニカル指標の中で最もポピュラーであり、多くのトレーダーに愛されています。

●ボリンジャーバンド

米国の金融アナリストであるジョン・ボリンジャー氏が考案したテクニカル指標で、中心の移動平均線の上下に統計学を基に計算された標準偏差が引かれています。標準偏差が拡大や縮小によってトレンドの発生やボラティリティを判断できるテクニカル指標で、移動平均線と同様に人気があります。

オシレーター系指標

現在の相場が買われすぎなのか、それとも売られすぎているのかという過熱感を分析するためのテクニカル指標です。以下は有名なオシレーター系指標です。

● MACD

「Moving Average Convergence Divergence」の略で、日本

語だと「移動平均線収束拡散法」と呼ばれます。移動平均線を応用した指標で、オシレーター系ですがトレンドの判断にも使えます。MACD ラインとシグナルラインの 2 本の線とヒストグラムで構成されており、これらの位置関係や転換点から相場を分析します。

● RSI

「Relative Strength Index」の略称で、日本語だと「相対力指数」と呼ばれます。主に、相場が買われすぎているのか、売られすぎているのかを分析する際に使われる指数です。RSI は 0 ～ 100% の間で推移し、どの水準に位置しているかによって相場の過熱感を判断します。一般的に、RSI が 20 ～ 30%を下回ると売られすぎ、RSI が 70 ～ 80%を上回ると買われすぎとされています。高い人気を誇るオシレーター系指標の一つです。

●ストキャスティクス

ストキャスティクスも RSI と同様に、主に相場の買われすぎや売られ過ぎを判断する際に使われます。「% K」と「% D」の 2 本のラインが表示され、2 本のラインが 80%以上で買われすぎ、20%以下で売られすぎと判断します。また、ストキャスティクスにはファーストストキャスティクスとスローストキャスティクスの 2 つのタイプがあり、スローストキャスティクスの方がダマシは少ないとされています。

ここで紹介したテクニカル指標以外にもさまざまな指標があります。また、テクニカル指標の算定の基準にする期間の数などの設定

を変更することもでき、相場状況やトレード手法に合わせた調整も可能です。

テクニカル指標以外にもラインを引く、ローソク足の並び方などで相場の動きを判断するなどの分析方法もあり、テクニカル分析は奥が深いです。

確度の高い分析をするためにも、自分が見やすいテクニカル指標を活用しましょう。

なお、搭載しているテクニカル指標やラインなどの表示方法、テクニカル指標の設定方法は各金融機関の取引ツールによって異なります。

テクニカル分析とは

過去の値動きを参考にし、将来の値動きを予想する分析方法

テクニカル指標は大別すると2種類ある

	特徴	代表的なテクニカル指標
トレンド系	相場の方向性を分析することを目的としたテクニカル指標です。今はトレンドが出ているのか、トレンドが発生しそうなのかを判断できます。	移動平均線、ボリンジャーバンド、一目均衡表、パラボリック、エンベロープなど
オシレーター系	相場の過熱感を分析するためのテクニカル指標です。今の相場が買われすぎなのか、それとも売られすぎなのかを判断できます。	RSI、MACD、ストキャスティクス、RCIなど

**移動平均線を使ってトレンドを把握するのが
おすすめ**

　私がおすすめするテクニカル指標は移動平均線です。種類は単純移動平均線（SMA）、指数平滑移動平均線（EMA）、加重移動平均線（WMA）のどれを使っても問題ありません。

　パラメーターは一般的によく使われている数値がおすすめです。例えば、日足であれば25日移動平均線、75日 移動平均線、200日移動平均線の3本の移動平均線の組み合わせが良いと思います。

　見方としては、ローソク足と移動平均線の位置関係で判断します。ローソク足が移動平均線よりも上にあれば上昇トレンド、ローソク足が移動平均線よりも下にあれば下落トレンドと判断します。

　または、3本の移動平均線の位置関係からも相場を読み取れます。例えば、25日移動平均線・75日移動平均線・200日移動平均線といった順で、上から短期・中期・長期と順番に並んでいれば上昇トレンドと判断できます。

　反対に、上から200日移動平均線・75日移動平均線・25日移動平均線といったような、長期・中期・短期の順で並んでいれば、下落トレンドと判断できます。

　チャート①は移動平均線を3本表示させたチャートです。上昇トレンド時は移動平均線の上にローソク足が位置しています。また、移動平均線も上から25日移動平均線・75日移動平均線・200日移動平均線と、短期・中期・長期が規則正しく並んでいることが分か

チャート① │ 移動平均線とローソク足の位置関係で判断

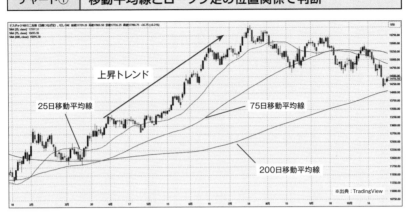

3本の移動平均線を表示させていますが、上昇トレンド時は上から25日移動平均線、75日移動平均線、200日移動平均線の順番に並んでいます。また、ローソク足も移動平均線の上に位置しています。このように、移動平均線とローソク足の位置関係や移動平均線同士の位置関係でトレンドを判断できます。

ります。

　移動平均線とローソク足の位置関係にプラスして、今のローソク足が一つ前のローソク足の高値を超えているのか、安値を割り込んでいるのかで相場を判断していきましょう。

　例えば、ローソク足が移動平均線の上に位置している状態にプラスして、現在のローソク足が一つ前のローソク足の高値を超えることができていれば相場は上昇しやすいと判断します。

　反対に、ローソク足が移動平均線の上に位置していても、ローソク足が一つ前のローソク足の安値を割り込んでいたら、相場は下落していく可能性があると考えられます。

　下落時も同じです。ローソク足が移動平均線の下に位置している時に、現在のローソク足が一つ前のローソク足の安値を下抜いてい

れば下落しやすいと判断します。

　そして、ローソク足が移動平均線の下に位置している時にローソク足が一つ前のローソク足の高値を超えているなら、相場は反転する可能性があると考えられます。

　オシレーター系の指標は使わないのかという疑問があると思いますが、私的には使わなくても良いと思います。

　なお、私も移動平均線を使っていますが、トレンドの把握には使用していません。移動平均線がサポートラインやレジスタンスラインとして機能することがあるため、ローソク足が止まるポイントを探すために使っています。

　あくまでローソク足ありきで考えていて、エントリーやエグジットもローソク足で判断しています。

　チャート分析をする際にはテクニカル指標を重要視する人は多いですが、トレードの基本はあくまでもローソク足ということを忘れないようにしましょう。

ファンダメンタルズ分析も重要です

　テクニカル分析と対になる分析がファンダメンタルズ分析です。テクニカル分析がチャートを使って分析するのに対し、ファンダメンタルズ分析は政治や経済状況、金融政策、企業業績などから将来の相場動向を予測する分析方法です。

　例えば、米国が利上げをするとなったら、将来的なNYダウやS＆P500などの米国株価指数が上昇するのか、下落するのかを分析するという方法です。

　ファンダメンタルズによる値動きは短期的に大きく動く場合もあれば、長期的なスパンで動く場合があり、予想が難しい面もあります。しかし、テクニカル分析と併せて分析することで、確度の高いトレードが可能になるので、ぜひ分析できるようになりましょう。

　ファンダメンタルズ分析で主に注目するべきは以下になります。

●投資先の国の金融政策

　各国の金融政策はファンダメンタルズ分析において重要な要素です。特に、金利動向は注目しておきましょう。基本的に金利が上がると株価が下落する要因となり、金利が下がると株価が上昇する要因になると言われています。

　さらに、金利動向で為替、企業の業績、コモディティや債券の価格にも影響を与えます。特に、世界一の経済大国かつ基軸通貨

ドルを発行している米国の金融政策は相場に大きな影響を与えるため、多くのトレーダーは注目しています。自分が投資している国と米国の金融政策は注目しておきましょう。

また、相場参加者が予想していないタイミングで利上げや利下げをする場合もあります。その場合はサプライズとなり、価格が大きく変動しやすくなります。

特に、FOMCや日銀政策決定会合、ECB理事会などは注目しておくべきです。

●各経済指標

経済指標経済指標にも注目しておきましょう。経済指標とは各国の経済動向を示す指標であり、毎週や毎月のスパンで公表されています。

経済指標にはさまざまな種類がありますが、特に米雇用統計、消費者物価指数(CPI)、国内総生産(GDP)、生産者物価指数(PPI)、貿易収支、小売売上高は注目度が高いです。経済指標の発表後は価格が大きく動きやすいので注意が必要です。自分が投資している国が発表する経済指標には注目しておきましょう。

また、米国が発表する経済指標は多くのトレーダーが注目しており、結果次第で相場が大きく動く可能性があるので注意しましょう。

経済指標は金融機関やシンクタンク、アナリストなどがどのくらいの数値になるのか予想しています。この予想を大きく上回る、もしくは大きく下回った場合はサプライズとして、急変動が起こりやすいので注意が必要です。

●要人発言

中央銀行の総裁や副総裁、大統領や首相、財務大臣、国の経済政策を担う政府高官や高級官僚などの発言で価格が動く場合もあります。

例えば、中央銀行の総裁が現在の経済状態について強気な発言をすれば、景気が良いと判断され、それに伴って相場が動く可能性があります。

ただし、予想外のタイミングで重要な発言を行われる場合もあり、その場合は急変動が起こることがあります。

●投資先の企業の財務状況や決算内容

個別株 CFD を取引する場合は、投資する企業の財務状況や決算内容が重要です。基本的に、財務状況が安定している企業や決算内容が良い企業の方が人気は出やすく、長期的に上昇していきやすいという特徴があります。

また、決算発表によって株価が短期的に急変動しやすいため、決算の時期のトレードには注意が必要です。

なお、財務状況や決算内容が良い企業は必ず上昇するのかと言われればそうではなく、財務状況が良いのに無視されている企業もあれば、決算が良いのに短期的に大きく下落する場合もあります。

財務状況や決算内容が良いと必ず価格が上昇するというわけではない点は把握しておきましょう。

●政治的要因

政権交代、外交問題、規制緩和などで相場が動く可能性もあります。

例えば、政権交代が起こり、新政権が経済政策に積極的に取り組むようであればプラス材料になりやすく、反対に将来の政策に見通しがつかなくなればマイナス材料になりやすくなります。政治の状況も相場に影響を与える要因になります。

●戦争や災害などの事象

戦争や紛争、テロが起きた場合も相場は大きく変動しやすくなります。直近の例だと、ウクライナ戦争で株価が大きく下落したことが挙げられます。

反対に、戦争によって相場が上昇する場合もあります。例えば、中東情勢が悪化すると、石油供給に懸念が生まれ、原油価格が上昇しやすくなるというケースもあり、投資先によっては上昇することもあれば、下落することもあります。

特に、先進国が関係する戦争や紛争、テロになるほど相場は大きく動きやすくなるので、注意が必要です。

また、災害によっても相場が変動しやすくなります。例えば、地震などが起きると、被害によってはその国の経済状況が悪化するので相場が下落しやすいということです。

自分の投資先の国や企業はもちろん、米国や日本、中国のような経済大国の金融政策や経済指標、要人発言などは相場に大きな

影響を与える可能性が高いため、注視しておきましょう。

　ファンダメンタルズ分析は政治や政策などが関わってくるため、テクニカル分析よりも難易度が高い分析方法です。しかし、短期的にも長期的にも相場を動かす要因になりやすいため、分析できるようになると利益獲得チャンスが増えるかもしれません。

　ただし、必ずファンダメンタルズの結果を基に相場が動くわけではない点には注意しておきましょう。

ファンダメンタルズ分析とは

国や企業などの経済、財務、政治などを基に、
将来の値動きを予想する分析方法

相場を動かす主なファンダメンタルズ要因

●各国の金融政策

利上げや利下げなどが行われると相場は動きやすくなります。投資先の国がどんな金融政策を行うのかには注目しておきましょう。

●経済指標

各国の政府や中央銀行、省庁、シンクタンクなどが公表する経済に関する統計データです。結果によって相場が大きく変動する可能性があるため、経済指標の発表日の取引には注意が必要です。特に、米国や日本などの主要国や投資先の経済指標は注目しておきましょう。経済指標の発表日は金融機関の経済指標カレンダーで確認できます。

●要人発言

中央銀行の総裁や副総裁、大統領や首相、財務大臣などの発言も相場に影響を与えます。例えば、中央銀行の総裁が利下げや利上げの可能性に触れると、相場が大きく動く可能性があります。要人発言はイベントや経済指標の発表時に行われることもあれば、唐突に行われることもあるので、注意が必要です。

●企業の決算

個別株CFDの場合は、企業の財務状況や決算内容が重要になります。決算の結果によって株価が短期的に急変動しやすいため、決算の時期のトレードには注意が必要です。決算が良いのに株価が下落する場合もあれば、決算が悪化しているのに株価が上昇する場合があります。

●政治的要因

政権交代、外交問題、規制緩和などでも相場が動く可能性もあります。例えば、政権交代が起こった場合、期待感から相場が上昇する場合もあります。また、大統領や首相が他国に対して緊張感が高まる発言などを行った場合、相場が下落することもあります。

●戦争や災害などの事象

戦争や災害が起きた場合も相場が大きく変動する可能性があります。直近の例だと、ウクライナ戦争で株式市場が大きく下落しました。

一つ前の主要な高値、もしくは一つ前の主要な安値のブレイクアウトを狙います

エントリーはローソク足が高値と安値をブレイクアウトしたところで行います。

具体的には、

- **ローソク足が一つ前の主要な高値を上抜いたら買いエントリー**
- **ローソク足が一つ前の主要な安値を下抜いたら売りエントリー**

を狙っていきます。これはトレンドに乗るということです。

上昇トレンドの定義は「以前の高値と安値を切り上げている状態が続いている」とされています

つまり、一つ前の主要な高値を上抜けるということは、上昇トレンドが継続する可能性が高いと判断できるので、その上昇トレンドの流れを狙って買いエントリーするということです。

売りエントリーの場合も同じです。下落トレンドの定義は「以前の高値と安値を切り下げている状態が続いている」とされています。

つまり、一つ前の安値を下抜けるということは、下落トレンドが継続する可能性が高いと判断でき、その下落トレンドの流れを狙って売りエントリーするということです。

私は、以前の高値を超えるということはすごく重要な意味を持っていると思っています。

以前の高値をつけた時には、市場参加者はその価格よりも上の価格では買わなかったということです。

そこからいったん調整が入り、再び上昇して戻ってきた時に以前の高値を超えることができたということは、時間の経過とともに、市場参加者の中で以前の高値を超えても問題ないというコンセンサスができたということです。

　これは、安値でも同じです。以前の安値を下抜けられなかったけれど、時間の経過とともに、市場参加者が以前の安値よりも売っても問題ないというコンセンサスが取れているということです。

　一つ前の主要な高値や安値をブレイクしたところを狙うのは、その流れに乗っていくということです。

　実際のチャートで見ていきます。チャート①は買いエントリー例です。

　相場が上昇している中で、主要な高値を上抜けたポイントを狙っ

チャート①	移動平均線とローソク足の位置関係で判断

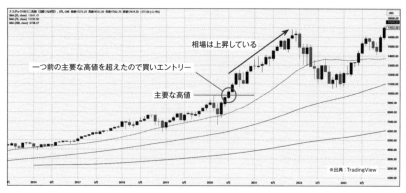

上昇トレンドが発生している中で、一つ前の主要な高値を超えたところで買いエントリーをしました。その後の相場は上昇を継続しており、利益を獲得できた可能性が高いと考えられます。

てエントリーした場合、その後も上昇トレンドが継続しているため、利益を取れた可能性が高いと考えられます。

　また、チャート②では下落時に売りエントリーを狙う例です。相場が下落している中で、主要な安値を下抜いたポイントで売りエントリーです。エントリー後も下落が続いているため、利益を取れたと思われます。

　このように、上昇トレンドだと一つ前の主要な高値を上抜けるタイミング、下落トレンドでは一つ前の主要な安値を下抜けるタイミングを狙ってトレンドの方向にエントリーしていきます。

　基本的にトレンドフォローで、相場に逆らう形となる逆張りはしません。

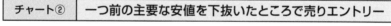

相場が下落している中で、一つ前の主要な高値を下抜いたところで売りエントリーをしました。その後の相場は下落しており、利益を獲得ができたと思われます。

エントリーポイント

上昇トレンド

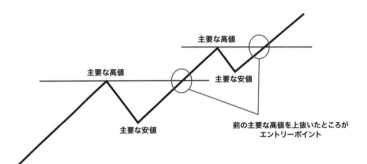

主要な高値

主要な高値

主要な安値

主要な安値

前の主要な高値を上抜いたところが
エントリーポイント

高値と安値を切り上げている状態が続いている

下落トレンド

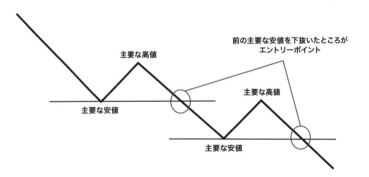

前の主要な安値を下抜いたところが
エントリーポイント

主要な高値

主要な安値

主要な高値

主要な安値

高値と安値を切り下げている状態が続いている

利確のポイントは、一つ前のローソク足に設定

　利食いについての考え方ですが、保有しているポジションに利益が出ているのであれば、一つ前のローソク足に利食いのポイントに設定します。

　具体的には、買いポジションであれば一つ前のローソク足の安値を割り込んだ時が利益確定ライン、売りポジションなら一つ前のローソク足の高値を超えた時が利益確定ラインに設定します。

　そして、トレンドに合わせて利益確定ラインの切り上げや、切り下げを行っていきます。

　買いの場合だと、一つ前のローソク足の安値に逆指値を設定しておいて、相場が上昇していくにつれて設定した逆指値の価格も上げていきます。

　相場が上昇しているということは高値だけでなく安値も切り上がっていくので、相場の上昇に伴って設定した利確のポイントも切り上がっていくということです。

　そして、相場が下落するタイミングである今のローソク足が一つ前のローソク足の安値を割り込み、下落していく可能性が高いタイミングで逆指値が発動し、利確ができるという考え方です。

　次頁チャート①は、買いの利確の事例です。相場が上昇していくと安値も切り上がっていくので、最初の利食いのポイントから利食いの逆指値を上げていくわけです。

そして、相場が下落して、ローソク足が利食いのポイントを割り込んだら逆指値が発動して利確になります。

売りの場合は買いとは反対になります。一つ前のローソク足の高値を超えたところに逆指値を設定しておいて、相場が下落していくに合わせて設定した逆指値も切り下げていきます。

そして、相場が上昇に転換するタイミングである今のローソク足が一つ前のローソク足の高値を超えたタイミングで逆指値が発動し、

| チャート① | 相場の変動に併せて利益確定の逆指値も変えていく |

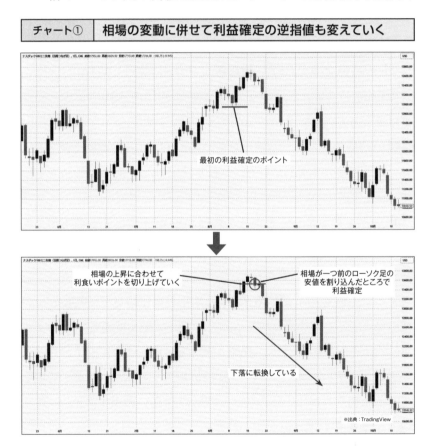

最初の利益確定のポイント

相場の上昇に合わせて
利食いポイントを切り上げていく

相場が一つ前のローソク足の
安値を割り込んだところで
利益確定

下落に転換している

※出典：TradingView

利確するということです。

　注意点としては、一つ前のローソク足の安値を割り込む、もしくは一つ前のローソク足の高値を上抜いたら必ず利確をするということではありません。

　例えば、チャート②のように、買いでエントリーした後にすぐ一つ前のローソク足の安値を割り込むことがあります。その場合、利確ではなく損切りになってしまいます。

　そのため、一つ前のローソク足の安値を割り込む、もしくは一つ前のローソク足の高値を上抜いた時に利食いになっている時のみ、利益確定をしましょう。

　損失になってしまうのであれば、本来の損切りポイントまで耐えましょう。耐えていればトレンドが継続していき、利益を獲得できる可能性があります。

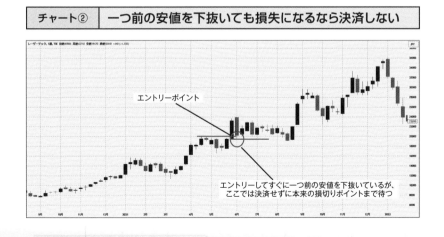

チャート② ｜ **一つ前の安値を下抜いても損失になるなら決済しない**

エントリーポイント

エントリーしてすぐに一つ前の安値を下抜いているが、
ここでは決済せずに本来の損切りポイントまで待つ

トレンドフォローの場合、相場がどこまで上昇するのか、あるいはどこまで下落するのか分からないため、利益確定の目標値を決めるのが難しい面があります。

　例えば、買いエントリーした後に予想通りに相場が上昇していき、そろそろ天井になりそうだと思って利食いしたら、さらに上昇を続けてしまい、利食いしなければもっと利益を伸ばせたのにと後悔するケースはありがちです。

　この利確方法だと、トレンドに合わせて利益確定のポイントも切り上げや切り下げていくため、トレンドによる利益を最大限に伸ばすことができます。

　トレンドの頂点付近や底値付近で利食いができないため、利益がある程度減るというデメリットはありますが、トレンドの最後まで乗っていける可能性が高いので、利益を大きく伸ばしていける可能性があります。

損切りポイントは一つ前の主要な安値もしくは 一つ前の主要な高値に設定します

損切りのポイントですが、至ってシンプルです。

買いの場合はローソク足が一つ前の主要な安値を割り込んだ時に損切りを行います。売りの場合は反対で、ローソク足が一つ前の主要な高値を上抜いた時に損切りをします。

この主要な高値と安値とは、トレンドにおける調整でつけた高値と安値のことです。

チャート①は上昇トレンド時の調整の安値にラインを引いています。これらの安値をローソク足が下抜いたら損切りするという形です。

なぜ、上昇トレンドなら調整の安値、下落トレンドなら調整の高値を損切りラインにしているのかですが、その水準をブレイクすると、トレンドが終わる可能性が高いからです。

チャート①	上昇トレンド時は調整の安値を下抜いたら損切り

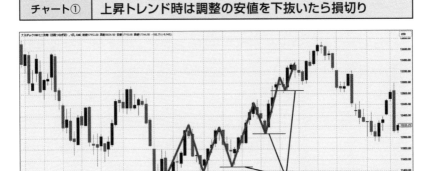

この調整の安値を下抜くとトレンドの
転換する可能性があるので損切りする

上昇トレンド定義は、連続する高値と安値が前の高値と安値を切り上げている状態です。つまり、上昇トレンド中は調整の安値を切り上げていく必要があります。

　調整の安値をローソク足が下抜くということは、前の高値と安値を切り上げるという上昇トレンドの定義が崩れてしまうということなので、上昇トレンドから違うトレンドに転換する可能性が高いということです。

　下落トレンドも同じ理由です。下落トレンドの定義は上昇トレンドとは反対で、連続する高値と安値が前の高値と安値を切り下げている状態です。

　下落トレンド中に形成された調整の高値をローソク足が上抜くということは、前の高値と安値を切り下げていくという下落トレンドの定義が崩れてしまうということなので、下落トレンドから転換する可能性が高いということです。

　要するに、トレンドの定義が崩れてしまい、これまでのトレンドが終了する可能性があるので、損切りしておくというわけです。

　チャート②はレーザーテックの株価チャートです。最初の上昇していた場面は調整の安値が切り上がり続けていますが、2022年に調整の安値を下抜き、いったん上昇トレンドが終了しています。

　上昇トレンドが続いている時は、一つ前の調整の安値を下抜いていません。一方で、ローソク足が一つ前の調整の安値を割り込んだということは、トレンドが終わる可能性が高いので、そこを損切りの目安にするということです。

| チャート② | 調整の安値を下抜いたら上昇トレンドが終了 |

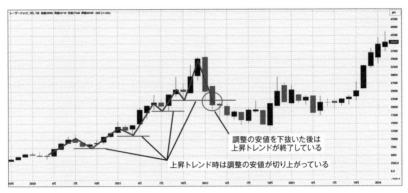

調整の安値を下抜いた後は
上昇トレンドが終了している

上昇トレンド時は調整の安値が切り上がっている

上昇トレンド時は調整の安値が切り上がり続けています。一方で、調整の安値を下抜いたらいったん上昇トレンドが終了し、下落しています。トレンドが終了する可能性が高いポイントで損切りをするということです。

　一つ前の調整の安値、一つ前の調整の高値に損切りの逆指値を入れておくと、損切りポイントに達した際に自動で損切りをしてくれるので、忙しくてチャートを見られないという人でも安心です。

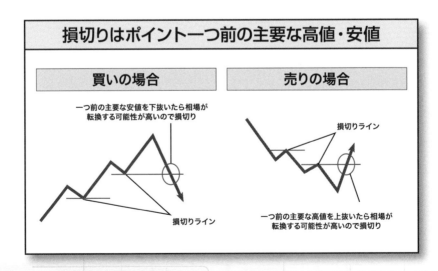

損切りはポイント一つ前の主要な高値・安値

買いの場合

一つ前の主要な安値を下抜いたら相場が
転換する可能性が高いので損切り

損切りライン

売りの場合

損切りライン

一つ前の主要な高値を上抜いたら相場が
転換する可能性が高いので損切り

リスクリワード比を意識することは重要です

　トレードにおいて、リスクリワード比を決めておくことは大切です。

　リスクリワード比とはリスク（損失）とリワード（利益）の割合です。要するに、取引で発生する損失に対して、どのくらいの利益を取れているかを表した数値です。

　今後の取引において、1回の取引で被る損失に対してどのくらいの利益を期待できるのかを表します。

　例えば、期待利益が1万円、期待損失も1万円になる場合、利益と損失が同じなので、リスクリワード比率は1になります。

　リスクリワードは以下の計算式で求められます。

リスクリワード＝期待する利益額÷期待する損失額

　例えば、利益が2万円となる価格で利確、損失が1万円になる価格で損切りするとします。

　その場合、20000÷10000=2となるため、リスクリワード比率は2です。

　一方で、利益が8000円となる価格で利確、損失が1万円になる価格で損切りするとします。

　その場合、8000÷10000=0.8となるため、リスクリワード比率は0.8です。

　つまり、リスクリワード比が1を上回ると利益の方が大きく、1を下回ると損失の方が高いということです。

　なぜリスクリワード比が重要かというと、トレードは100%勝てるわけではないからです。プロと呼ばれているトレーダーでも勝率6割だと言われています。100%勝てないからこそ、損失よりも利益を伸ばしていく必要があり、そのために、損失と利益の割合であるリスクリワードを意識したトレードをすることが大切なのです。

　例えば、利益確定が2万円で損切りが1万円のトレードの場合、リスクリワードは2÷1＝2になります。このトレードを10回繰り返して勝率が40%だった場合、利益8万円に対して損失が6万円となり、トータルで2万円の利益になります。つまり、勝率が50%を下回っても利益を取れるということです。

　一方で、利確が1万円で損切りが1万5000円のトレードの場合、リスクリワードは1÷1.5＝0.7になります。このトレードを10回繰り返して勝率が60%だった場合、利益6万円に対して損失も6万円となり、勝率6割でも利益は0ということになります。

　一回の取引における利益よりも損失が大きいと、勝率が高くても利益にならないどころか、損失になってしまうこともあります。

　反対に、一回の取引における損失より利益の方が大きいと、勝率が低くてもトータルだと利益を獲得できる可能性が高くなります。

　そのため、リスクリワード比率を意識しながら利確ラインと損切りラインを決めた方が、勝率が低くても利益を取れる確率が上がります。

　私の場合は、基本的にリスクリワード比率が最低でも1になるように考えています。

例えば、1000円で買いエントリーをして、900円を損切りライン
に設定したら、実際に損切りになった場合100円の損失になります。

　そのため、利確ラインは最低でも100円は利益になる1100円以
上の価格に設定するという考え方でトレードをします。

　ただし、相場の状況に合わせて変えることもあります。あまり伸
びそうにないような状況であれば、途中で利益確定をする場合もあ
ります。

 ## 投資資金を減らすと
損失を取り戻しにくくなります

　トレードはいつも勝てるわけではありません。勝つときもあれば
負ける時もあります。負けてしまうと当たり前ですが損失になり、資
金が減ってしまいます。

　特にCFDのようなレバレッジをかけられる金融商品だと、資金
以上の取引ができるため、含み損も大きくなりやすく、場合によっ
ては強制ロスカットになってしまい資金を大きく減らしてしまうケース
もよくあることです。

　注意してほしいのは、負けてしまった次のトレードでロットを小さ
くすることです。資金が減ってしまったのでロットを小さくするのは
当然のことだと思いますが、実はロットを小さくしてしまうと、損失
を取り戻すのが難しくなります。

　例えば、100万円の資金で投資したとします。そして、トレード

に負けて 30％の損失を被り、資金が 70 万円まで減ったとします。この場合の損失額は 30 万円です。

　この残った 70 万円で失った 30 万円を取り戻そうと考えた場合、どのくらいのリターンが必要になるでしょうか。

　30％の損失だから 30％の利益を獲得できれば損失を取り戻せるのではと考える人もいると思います。しかし 70 万円の資金で 30％の利益を獲得できたとしても、失った 30 万円は取り戻せないのです。

　なぜなら、70 万円で 30％の利益だと、21 万円の利益しか獲得できないからです。91 万円までしか取り戻せないため、9 万円のマイナスになります。

　70 万円を 100 万円にしようとする場合、30％の利益ではなく、43％の利益を獲得しないと元の 100 万円に戻らないということです。

　つまり、損失を取り戻すためには、損失になった割合よりも大きな利益を獲得できないと、元に戻すことができません。

　さらに、これ以上の損失が怖くなって資金を減らしたとします。例えば、30 万円失ってこれ以上の損失を減らすために資金を 70 万円から 20 万円を抜いて 50 万円にしたとします。そうすると、100 万円に戻すためには 43％の利益では足りなくなります。

　なぜなら 50 万円の 43％だと 21.5 万円なので、抜いた 20 万円も合わせると 91.5 万円です。

　50 万円の資金で 100 万円に戻すためには 60％の利益が必要となり、さらに利益を大きく取らないといけなくなります。

　損失を取り戻すためには、元の金額に戻した方がやりやすくなります。

例えば、100万円から70万円まで減ったとしたら、新しく30万円を入金して資金を100万円に戻します。そうすると、30％の利益を取れば失った30万円を取り戻すことができます。

　失った資金を取り戻そうと考えるのであれば、資金を減らすのではなくて増やした方が取り戻しやすくなるということです。

　私がプロップトレーダーだった時は100万円を投資して30％の損失を出しても、損失は30万円として記録されますが、元手は減らずに100万円のまま取引を続けることができるので、取り戻しやすいという環境でした。

　ただ、個人投資家には元の資金に戻すのは難しいと思うので、できるだけ損失を出さないようにリスク管理はしっかりと行いましょう。

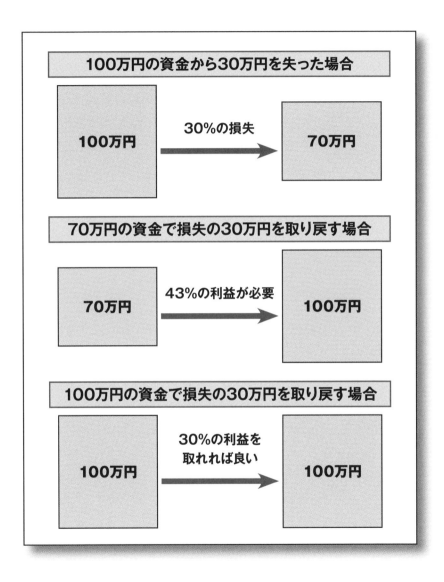

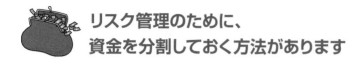

リスク管理のために、資金を分割しておく方法があります

　CFDや先物取引をやっていると、調子が悪い時は連続でロスカットになることは往々にしてあります。それはプロトレーダーでもやってしまうことです。

　そのため、損失が出た時に取り戻しやすくするためには、投資額を減らさないようなリスク管理が必要です。

　リスク管理の方法として、事前に資金を分割して投資を行うと良いと思います。

　例えば、100万円なら30万円ずつ3分割にしておき、30万円だけを使って投資します。

　仮に、10万円の損失が出てしまって、30万円から20万円に資金が減ったとします。

　20万円から元の30万円に戻すには、約50%の利益が必要になりますが、分割した30万円を新たに使って取引すれば、損失の10万円を取り戻すには約34%の利益を獲得すれば良いため、取り戻しやすくなります。

　分割の方法は投資資金が少ない場合や多い場合によって異なってきます。

　例えば、1000万円の投資資金であれば、5分割して200万円を5ブロックに分けるという考え方もあります。

　そして、Aという銘柄に200万円、Bという銘柄に200万円、C

という銘柄に 200 万円を投資したとします。

　その時に、あらかじめ損失がどのくらいになるかを決めておきます。例えば、一つあたり 50 万円の損失までと決めておきます。

　仮に、全てロスカットになった場合、合計で 150 万円の損失になります。

　しかし、その 150 万円の損失はブロック 1 つ分の損失であり、200 万円のブロックはまだ 4 つ残っている計算です。その残っている 4 つのブロックを使えば、、200 万円ずつ 3 銘柄への投資が続けられるということです。

　そうすれば 3 銘柄で 25％ずつ勝てば、失った 150 万円を取り戻すことができます。

　ロスカットをしても次の投資金額が減らないように資金を分割しておくのは重要です。

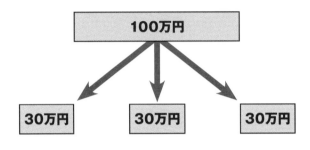

損失を出しても次の投資金額が減らないように
資金を分割して投資するのが良い

100万円

30万円　　30万円　　30万円

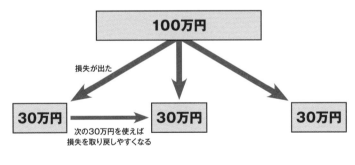

一つに損失が出ても、分割した資金を使えば
次の投資金額は減らないので損失を取り戻しやすい

100万円

損失が出た

30万円　　30万円　　30万円

次の30万円を使えば
損失を取り戻しやすくなる

CFDはトレンドフォローで取引しましょう

　私は基本的にトレンドフォローがトレードの基本だと思っています。特に、相場経験の浅い初心者は逆張りではなく、トレンドフォローがお勧めです。

　まず、トレンドフォローについて解説していきます。トレンドフォローとはトレンドの方向にエントリーする手法です。上昇トレンドなら買いエントリー、下落トレンドなら売りエントリーをします。

　相場格言に「トレンド・イズ・フレンド」という言葉がありますが、トレンドに逆らわずに乗っていく方法が有効ということです。

　特に、CFDやFXのようなレバレッジをかけられる金融商品を取引する場合は、トレンドフォローが基本だと思います。

　その理由として、トレンドに逆らう逆張りで取引をするのはリスクが高いからです。

　逆張りとは、相場の流れとは反対の売買をすることです。上昇トレンドなら売りエントリー、下落トレンドなら買いエントリーをします。

　日本人トレーダーは逆張りが好きな人が多いですが、実は逆張りは難しい取引方法です

　なぜなら、相場は自分の思い通りには動かないからです。例えば、下落している株式を逆張りする場合は、買いでエントリーします。なぜ下落しているのに逆張りするのかというと、今の価格が割安だと思うから、適正な水準まで戻ることを期待して買うわけです。

　しかし、そこから相場が予想通りに上がっていくわけではありません。さらに下落していくこともあります。

　下落が続くと、どんどん含み損が膨らんでいきます。損切りしようにも、今が割安だと思ったところからさらに割安になっているので、損切りラインを決めるのが非常に難しいです。

　現物取引の場合だと、下落が続いても上昇するまで保有し続けることもできます。

　しかし、レバレッジをかけて取引をする CFD や FX だと、そのまま下落を続けていけば最終的に強制ロスカットになってしまい、大きな損失を被ってしまう恐れがあります。

　逆張りと比較すると、トレンドフォローは簡単です。トレンドが出たらその方向に乗っていき、予想と異なって逆行した場合はすぐに損切りすれば良いだけです。

　逆張りの場合は今が割高なのか割安なのかを判断しなければいけません。そして、それを決めるのは相場です。自分が割高だと思っても相場が割安と判断すれば相場は上昇していきますし、相場が割高だと判断すれば下落していくため、非常に高度な判断が要求されます。

　特に、強制ロスカットが発生する CFD で投資初心者が逆張りをするのはあまりにもリスクが高すぎるので、私はお勧めしません。

ダウ理論を基にトレンドを判断します

　トレンドの判断ですが、私はダウ理論を基にトレンドが出ているのか、出ていないのかを判断しています。

　ダウ理論とは、米国のジャーナリストだったチャールズ・ダウ氏が考案した相場理論です。100 年以上も前に考案された理論ですが、現在も多くのトレーダーが参考にしており、さまざまな分析方法の基になっています。

　その理論の中で、上昇トレンドと下落トレンドについての定義がされており、私はこのダウ理論を基にトレンドを見極めています。

　ダウ理論におけるトレンドの定義は以下になります。

● 上昇トレンドは高値と安値が切り上がっている
● 下落トレンドは高値と安値が切り下がっている

　イメージとしては、上昇トレンド時はローソク足が右肩上がりに上昇し、下落トレンド時はローソク足が右肩下がりに下落しているという形です。実際のチャートで上昇トレンドと下落トレンドを見ていきましょう。

　チャート①は上昇トレンド時のチャートです。一つ前の高値と安値を切り上げながら、チャートが右肩上がりに上昇しています。この時に買いエントリーをすれば、利益が期待できます。

　一方の、売りエントリーも見ていきます。チャート②は下落トレンド時のチャートですが、一つ前の高値と安値を切り下げながら、

チャートが右肩下がりに下落しています。この時は売りエントリーが有効です。

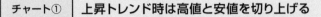

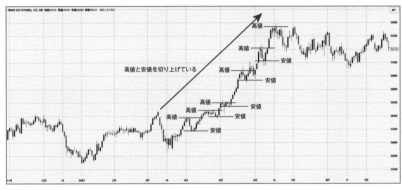

上昇トレンド時のチャートを見ると、高値と安値が一つ前の高値と安値よりも上昇しています。この状況なら買いエントリーをすれば利益を大きく取れる可能性が高いと言えます。

下落トレンド時のチャートです。高値と安値が一つ前の高値と安値よりを切り下げています。この時は売りエントリーが有効です。

このように、高値と安値が一つ前の高値と安値を切り上げるのか、それとも切り下げるのかに注目して、トレンドを判断しています。そして、トレンドの方向についていくというトレンドフォローで利益を狙います。

　ただし、トレンドは一度発生するとしばらく継続する性質がありますが、いつかは終了し、違うトレンドが発生します。トレンドが転換するサインを見逃さないようにしましょう。

　トレンドが終了するサインは、それぞれ以下になります。

- **上昇トレンドは高値と安値の切り上げができなくなり、ローソク足が直近の安値を下抜いた**
- **下落トレンドは高値と安値の切り下げができなくなり、ローソク足が直近の高値を上抜いた**

　要するに、ダウ理論が定めているトレンドの定義が崩れたときがトレンドの終了、もしくは転換のサインとなるということです。

　私はこのダウ理論を基に、上昇トレンドなら一つ前の高値を超えたところ、下落トレンドなら一つ前の安値を下抜いたところをエントリーポイントにしています。

　そして、上昇トレンドは一つ前の安値を下抜く、下落トレンドなら一つ前の高値を上抜くとトレンドが終了する可能性があるので、そのタイミングで損切りしています。

　トレンドフォローをする場合、トレンドが発生するタイミングとトレンドの転換時は必ず覚えておきましょう。

上昇トレンドと下落トレンド

上昇トレンド

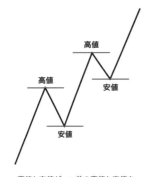

高値と安値が一つ前の高値と安値を
切り上げている状態

下落トレンド

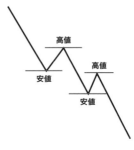

高値と安値が一つ前の高値と安値を
切り下げている状態

トレンドの定義が崩れる時

上昇トレンド

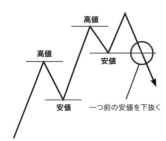

一つ前の安値を下抜く

一つ前の高値と安値を切り上げられず、
一つ前の安値を下抜いた時

下落トレンド

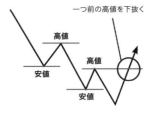

一つ前の高値を下抜く

一つ前の高値と安値を切り下げられず、
一つ前の高値を上抜いた時

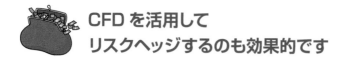

CFDを活用して
リスクヘッジするのも効果的です

　すでに現物株をやっている人なら、CFDをヘッジ取引に活用すると、リスクを減らすことができます。

　ヘッジ取引とは、現物が相場変動によって損失が発生するリスクを軽減するために、先物取引で現物とは反対のポジションを保有することです。

　例えば、現物株を保有中に経済指標発表などで株価が下落し、損失が出る可能性があります。そのような相場が下落しそうな時に、先物取引で現物株と同量の売りポジションを建てておくと、実際に株式市場が下落して現物株が値下がりしたとしても、先物市場で保有していた売りポジションが利益となるので、現物取引で生じた損失をカバーできるということです。

　現物株のヘッジ取引では株価指数先物がよく使用されますが、CFDも株価指数を取引でき、売りから始められるため、ヘッジ取引をするには向いています。

　ヘッジ取引の一例ですが、日本株を買っているのであれば、株価指数CFDで日経平均の指数をショートでエントリーする方法が有効です。

　米国株を買っているのであれば、米国の株価指数を売りでエントリーします。

　NYダウに採用されている銘柄なら、株価指数CFDでNYダウ

の指数を売りポジションで保有します。ナスダック 100 の指数に採用されている米国株を買っているのであれば、ナスダック 100 の指数を売りポジションを保有しましょう。もし、S&P500 に採用されている銘柄なら、S&P500 の指数を売りポジションを保有してヘッジしてください。

　もし、ドイツの株を買っているならば、DAX 指数でヘッジ取引をしましょう。

　重要なのは、自分が買っている個別株が何の指数に採用されているのかです。例えば、日本株を保有しているのに米国の株価指数でヘッジ取引をしても、日本株と米国株の値動きは異なるので、効果が薄い可能性が高くなります。

　また、ヘッジ取引をする時は、個別株のチャートを見るのではなく、株価指数のチャートを見ながら取引するのが大切です。

　なぜなら、個別株は独自の理由で上昇や下落をするからです。例えば、個別株は決算の悪化や企業の不祥事などが悪材料となって下落することがあります。

　しかし、株価指数は複数の企業の株価を基に計算されているため、企業単体の業績不振や不祥事などによる影響を受けにくいです。

　そのため、個別株が下落しても、株価指数は下落しないどころか、上昇する可能性もあります。

　個別銘柄に悪材料が発生して株価が下落しそうなときに、株価指数を売りで保有していてもヘッジにはなりません。ヘッジをする場合は株価指数が下落しそうなのかという観点から考えるべきです。

株価指数が下落しそうだなと思ったら、売りポジションを保有するのがいいと思います。株価指数が下がるときは現物株も下がる可能性が高いので、それがヘッジになるということです。

　もちろん、株価指数が下がっているのに上昇していく個別株もあります。その時は両方で利益を狙うことができます。

　株価指数が下落する時は個別株も下落しやすく、株価指数が上昇する時は個別株も上昇しやすいです。そのため、株価指数のチャートを常に見ておいた方が、個別株の売買をするときにも役に立ちます。

　ただし、予想と反した場合はヘッジ取引で建てたポジションはすぐに損切りをしましょう。

　例えば、下落すると考えてヘッジのために売りポジションを保有したところ、予想に反して上昇した場合、売りポジションの保有を続けていると損失が大きくなります。

　損失を軽減するために行った取引なのに、損失が大きくなってしまっては本末転倒です。

　予想と逆行した場合はすぐに決済できるように逆指値などを設定しておくと良いでしょう。

　また、ヘッジ取引はあくまでもリスクの軽減や回避が目的です。ヘッジ取引による利益は現物株の含み損と相殺される点は理解しておきましょう。

この局面はどうする？　一問一答

Q1 ローソク足が一つ前の主要な高値を上抜いた ここで買いエントリーをしても良い？

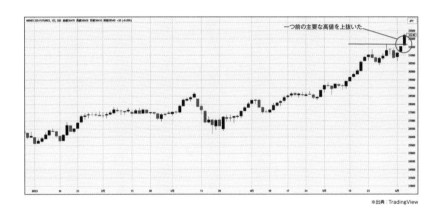

※出典：TradingView

状況

上昇トレンド時の買いエントリーについてです。上昇トレンドを続けていた
ローソク足は一つ前の主要な高値を上抜きました。このタイミングで買いエ
ントリーをするべきか、それともエントリーを見送った方が良いかです。

買いエントリーをして利益を狙いましょう

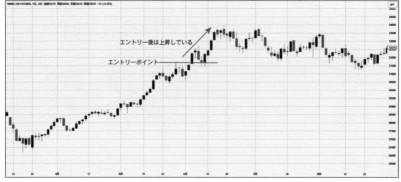

※出典：TradingView

解説

一つ前の主要な高値を上抜くということは上昇トレンドを定義を満たしているため、買いエントリーで利益を狙っていくのが理想的です。実際に、エントリーポイント以後のチャートを見ると、予想通り上昇しているため、買いエントリーをしていたら利益を狙えました。

Q2 ローソク足が一つ前の主要な安値を下抜いた ここで売りエントリーをしても良い?

一つ前の主要な安値を下抜いた

※出典：TradingView

状況

それまでは上昇していたローソク足ですが、窓を開けて下落しました。相場が下落トレンドに反転したと考えられますが、このタイミングでローソク足が一つ前の主要な安値を下抜きました。ここは売りエントリーをするべきなのでしょうか。

エントリーポイント

エントリーポイント後は下落している

※出典：TradingView

解説

一つ前の主要な安値を下抜くということは下落トレンドの定義を満たしているため、売りエントリーをして利益を狙うべきだと思います。エントリーポイント後の実際のチャートを見てみると、予想通りに下落しており、売りエントリーをしていたら利益を狙えたと思います。

Q3 一つ前の主要な高値を超えたところで買いエントリーし、現在は含み益が出ています。
利益確定はどう決めれば良いのでしょうか？

※出典：TradingView

状況

トレンドが続いている相場ではできるだけトレンドに乗っていきたいため、利益確定の目標値を決めるのは非常に難しいです。利益確定をしたところからさらにトレンドが続いていく可能性もあり、「利益確定をしなければ良かった」ということもよくあります。できるだけトレンドに乗りつつ、しっかりと利益を取りたいところです。

A3 利益が出ていたら一つ前のローソク足の安値に逆指値を設定し、相場の上昇に合わせて利益確定の逆指値のラインも上げていきましょう

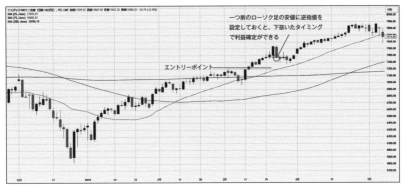

一つ前のローソク足の安値に逆指値を
設定しておくと、下抜いたタイミング
で利益確定ができる

エントリーポイント

※出典：TradingView

解説

保有ポジションに利益が出ているのであれば、一つ前のローソク足に逆指値を入れておきましょう。上昇トレンドが終了する際はローソク足が一つ前のローソク足を割り込むことから始まります。つまり、相場が転換するタイミングで利益確定するという考え方です。そして、上昇トレンドの特徴は一つ前の高値と安値の切り上げていくことです。利益確定の逆指値も安値の切り上げに合わせて切り上げていくことで、可能な限りトレンドに乗ることができます。

Q4 上場来高値をつけている銘柄を取引する場合、エントリーポイントはどこになりますか

※出典：TradingView

状況

上場来高値を更新した銘柄は上昇の勢いが強く、上昇トレンドが続いていく傾向があります。しかし、上場来高値更新銘柄を買おうにも、どこでエントリーすれば良いのか分からないという人もいると思います。そこで、上場来高値を更新した銘柄を取引する際のエントリーポイントを見ていきます。

A4 上場来高値を更新してすぐに買いエントリーするのではなく、調整するのを待ってから買いエントリーしましょう

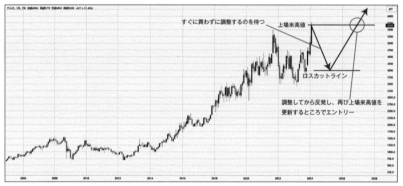

※出典：TradingView

解説

上場来高値を更新した銘柄を見つけてもすぐに買いエントリーしてはいけません。上場来高値を更新後に、いったん調整が起きるのを待ちます。そして、調整後に反発し、再び上場来高値を更新した時に買いエントリーしましょう。その場合は調整の安値がロスカットラインになります。

Q5 決算後の値上げを狙って、近日に企業決算が行われる銘柄を買って保有するのはあり？

発表日[日]	発表時刻	銘柄名 銘柄コード	種別	今期経常（百万円） 会社予想達成率	会社予想 経常利益（百万円）	コンセンサス 経常利益（百万円）	取引	ポートフォリオ
2024/03/15 予定	15:00 (予定)	モロゾフ (2217)	本決算	no data (--%)	2,150	2,150	現買 信買 信売	追加
2024/03/15 予定	15:00 (予定)	ケア21 (2373)	1Q	no data (--%)	300	--	現買 信買 信売	追加
2024/03/15 予定	15:00 (予定)	AB＆Company (9251)	1Q	no data (--%)	1,840	1,850	現買 信買 信売	追加
2024/03/15 予定	15:00 (予定)	ダブルエー (7683)	本決算	no data (--%)	1,961	--	現買 信買 信売	追加
2024/03/15 予定	15:00 (予定)	サーキュレーション (7379)	中間決算	no data (--%)	630	400	現買 信買 信売	追加
2024/03/15 予定	15:00 (予定)	SKIYAKI (3995)	本決算	no data (--%)	335	250	現買 信買 信売	追加
2024/03/15 予定	15:00 (予定)	はてな (3930)	中間決算	no data (--%)	48	--	現買 信買 信売	追加
2024/03/15 予定	15:00 (予定)	アピリッツ (4174)	本決算	no data (--%)	545	--	現買 信買 信売	追加
2024/03/15 予定	15:00 (予定)	Hamee (3134)	3Q	no data (--%)	2,069	2,070	現買 信買 信売	追加
2024/03/15 予定	15:00 (予定)	VALUENEX (4422)	中間決算	no data (--%)	--	--	現買 信買 信売	追加
2024/03/15 予定	15:00 (予定)	ストレージ王 (2997)	本決算	no data (--%)	168	--	現買 信買 信売	追加
2024/03/15 予定	15:00 (予定)	カラダノート (4014)	中間決算	no data (--%)	50	200	現買 信買 信売	追加

※出典：SBI 証券

状況

決算発表後に急騰する銘柄もあり、決算が良いと思われる企業の株をあらかじめ買っておいて、発表後の急騰を狙う投資家もいます。近日に決算発表が行われる企業があり、決算内容が良さそうと思うので買いポジションを持っておきたいと考えていますが、決算狙いの投資はどうなのでしょうか。

A5 決算発表による株価の動きは分からないので
決算狙いの投資は止めた方が無難

※出典：TradingView

解説

一般的に、企業の決算が良い場合は株価が上昇していくとされています。しかし、実際は決算の内容が良くても材料出尽くしで株価が下落する場合もあれば、決算内容が悪くても悪材料出尽くしで株価が上昇する場合もあります。画像はトヨタ自動車の2024年2月6日の決算発表時のチャートです。この時のトヨタ自動車の決算は営業利益が過去最高になったことが好感されて上昇していますが、この先の決算発表後も同じように上昇していくとは限らず、ギャンブル的な投資になります。リスクを考えると、決算狙いのトレードは止めた方が無難です。

Q6 経済指標の発表で価格が大きく動くことがありますが、その動きを狙って取引してもいい?

日時	国	経済指標	対象期間	重要度	予想	結果	前回（修正値）
24/02/27 00:00	米国	新築住宅販売件数	1月	★★★			66.4 万件
24/02/27 18:00	ユーロ圏	マネーサプライM3（前年比）	1月	★★★			+0.1 %
24/02/27 22:30	米国	耐久財受注 <速報>（前月比）	1月	★★★			0.0 %
24/02/28 00:00	米国	消費者信頼感指数	2月	★★★			114.8
24/02/28 10:00	ニュージーランド	ニュージーランド中銀 政策金利	2月28日	★★★			5.50 %
24/02/28 19:00	ユーロ圏	消費者信頼感 <確報>	2月	★★★			
24/02/28 19:00	ユーロ圏	経済信頼感	2月	★★★			96.2
24/02/28 21:00	米国	MBA住宅ローン申請指数 (前週比)	2月23日	★★★			
24/02/28 22:30	米国	GDP <改定値>（前期比年率）	4Q	★★★			+3.3 %
24/02/29 08:50	日本	鉱工業生産 <速報>（前月比）	1月	★★★			+1.4 %
24/02/29 10:30	中国	製造業PMI	2月	★★★			49.2
24/02/29 22:30	米国	個人所得（前月比）	1月	★★★			+0.3 %
24/02/29 22:30	米国	個人支出（前月比）	1月	★★★			+0.7 %
24/02/29 22:30	米国	新規失業保険申請件数	2月24日	★★★			
24/03/01 08:30	日本	失業率	1月	★★★			2.4 %

※出典：大和証券

状況

毎月、毎週にわたって各国で経済指標が発表されます。経済指標ごとに重要度は変わりますが、先進国の経済指標は重要度が大きいほどトレーダーたちに注目されています。特に、米雇用統計や米CPI、米小売売上高などの米国の経済指標は多くのトレーダーが注目しており、結果によっては相場が大きく動く可能性があります。この経済指標の値動きを狙って利益を狙うトレーダーもおり、その値動きを狙うのは有効なトレード方法なのでしょうか。

A6 リスクが大きいので止めておいた方が無難です

米雇用統計発表

※出典：TradingView

解説

経済指標発表時のトレードは基本的に止めておいた方が無難です。その理由は、結果次第で相場がどちらに動くか分からないからです。例えば、上の画像は2024年2月2日に発表された米雇用統計時の米ドル/円チャートです。発表時に大きく上昇しているため、買いエントリーをしていたら利益を狙えたと思う人がいるかもしれません。しかし、これは後から見て上昇したと分かるのであって、下落する可能性もあります。どう動くか分からない相場を狙っていくのは運要素が大きく、リスクが高いので止めておいた方が無難です。また、経済指標発表前後はスプレッドが大きく開く場合や、スリッページが発生しやすいデメリットもあります。

Q7 上場来高値を更新している銘柄はどうやって
探せば良いのでしょうか

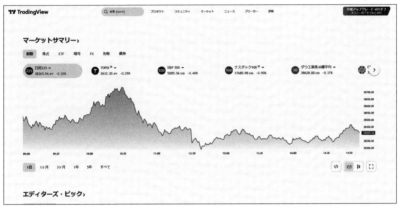

※出典：TradingView

状況

個別株CFDを取引する場合、上場来高値を更新している銘柄は上昇してい
きやすいため、おすすめです。しかし、上場来高値を更新している銘柄を探す
のは難しいと思います。そこで、TradingViewを使って上場来高値を更新し
ている銘柄を探す方法をお教えします。

A7 トレーディングビューの「マーケット」から 上場来高値を探せます

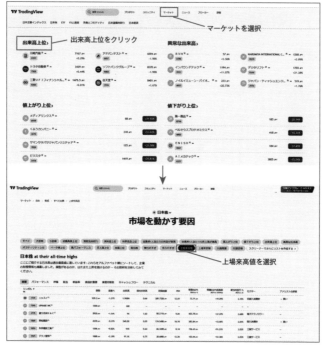

※出典：TradingView

解説

まずはTradingViewのホーム画面の上部メニューから「マーケット」を選択します。次に、国の選択で「日本」を選びます。そして「出来高上位」や「異常な出来高」などをクリックすると、「市場を動かす要因」画面が表示されるので、その中から「上場来高値」を選択すると、上場来高値を更新している銘柄が一覧で表示されます。人によっては表示される画面が違うかもしれません。

Q8 FX の自動売買を運用してみたいのですが、お勧めの自動売買はありますか

※出典：TradingView

状況

FXの世界ではプログラムが自動で売買を行ってくれる自動売買ツールを使っているトレーダーも多く、「自分も自動売買を運用してみたい」と思うかもしれません。自動売買を行うには個人が販売している自動売買ツールを購入するか、FX会社が提供しているツールを使う方法があります。ただし、FXの自動売買ツールの何万種類もあり、自分で探すのは非常に難しいです。そこで、お勧めの自動売買ツールを紹介します。

A8
トラリピを運用してみてはいかがでしょうか

はじめての人にちょうどいい、
特許取得済みFX、トラリピ®

はじめやすい、つづけやすい。時間がないあなたこそ、トラリピ。

※出典：マネースクエア

解説

自動売買を運用してみたいと思っているならマネースクエアが提供している「トラリピ」がおすすめです。トラリピはレンジ相場の下限と上限で売買を自動で繰り返し、利益を狙っていくリピート系自動売買です。FX会社が提供しているので信頼性は高めです。自動売買初心者で興味があれば試してみてはいかがでしょうか。

Q9

移動平均線はどのように見ればよいのでしょうか

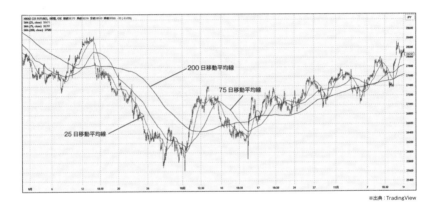

※出典：TradingView

状況

トレンド系のテクニカル指標の中で最もポピュラーである移動平均線は、多くのトレーダーに愛用されています。移動平均線を見ることによって、現在は上昇トレンドなのか、下落トレンドなのかを読み取れることができます。その使い方について見ていきます。

A9 基本は移動平均線の傾きや、ローソク足との位置関係が重要です

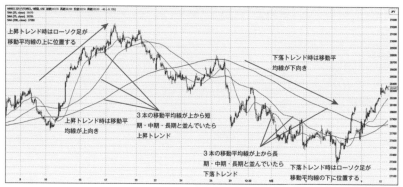

上昇トレンド時はローソク足が
移動平均線の上に位置する

下落トレンド時は移動平
均線が下向き

上昇トレンド時は移動平
均線が上向き

3本の移動平均線が上から短
期・中期・長期と並んでいたら
上昇トレンド

3本の移動平均線が上から長
期・中期・長期と並んでいたら
下落トレンド

下落トレンド時はローソク足が
移動平均線の下に位置する

※出典：TradingView

解説

移動平均線の見方としては、まず移動平均線の傾きに注目です。上向きなら上昇トレンド、下向きなら下落トレンドと判断できます。また、ローソク足との位置関係も重要で、ローソク足が移動平均線の上にあるなら上昇トレンド、反対にローソク足が移動平均線の下にあるなら下落トレンドです。また、3本線を表示しているのであれば、上から短期・中期・長期と並んでいたら上昇トレンド、上から長期・中期・短期と並んでいたら下落トレンドと読み取れます。これ以外にも移動平均線を使った分析方法があるので、興味があるのならぜひ勉強してみてください。

Q10 相場が下落して割安感が出てきたので、逆張りで買いエントリーするのはどうでしょうか?

下落を続けて割安感が出てきたので、
買いエントリーをしたい

※出典：TradingView

状況

日本人トレーダーが好むのが逆張りです。「安い時に買って、高い時に売る」
は大きな利益を期待できる理想的なトレードです。しかし、相場はそんなに簡
単ではありません。トレンドに逆らってのトレードは効果があるのでしょうか

調整の上昇

さらに下落が続いている

※出典：TradingView

解説

トレンドの流れに逆らう取引は投資初心者にはおすすめできません。まず、相場はどこが底で、どこが天井なのかは誰にも分かりません。最初に買った時よりも、さらに下落する可能性もあります。上のチャートは右のチャートの続きですが、下落を続けています。もし買いエントリーし、いつかは上がるだろうとほったらかしにしていた場合、CFDや先物のようなレバレッジ投資だとロスカットになってしまう可能性もあります。このように逆張りでのトレードはリスクが高いためお勧めできません。

相場で勝つために勉強をしていきましょう

　投資で勝つためには日々の勉強が大切です。一番簡単な勉強方法は、お金が必要な場合もありますが、投資セミナーや勉強会に参加して講師や投資経験者から学ぶことです。

　ただし、講師や投資経験者が本当に信用できるかは分かりません。「絶対に儲かる」と怪しい投資話を持ち掛けてくる詐欺まがいの投資セミナーや勉強会もあるので、そのあたりは注意する必要があります。

　自分で勉強するのであれば、いろんな人の本を読んで、その手法が本当に勝てるのか、利益を出せるのかというのを検証していくのが良いと思います。もしかしたら、一番お金かからない方法かもしれません。

　私も投資に関する本をたくさん読んで勉強しました。特に金融機関のプロップディーラー時代はよく投資の本を読んでいました。当時は投資に関する書籍は高価で、とてもじゃないけど買えなかったので、仕事帰りにも相場の本を立ち読みしていました。そうやっていろいろな本を読み、気になった手法を試してみるということをよくやっていました。

　ただ、当時は会社のお金で取引していたので、失敗しても自分の懐は痛まないというのがすごく大きかったと思います。

　個人投資家が実験的な試みをやるなら、デモトレードでいろいろな手法や分析方法を試してみましょう。それが勉強としては一番い

い方法だと思います。

　書籍で投資を勉強したい人に私がおすすめする本は、新井邦宏さんが執筆した「投資の王道」というシリーズです。同じタイトルで何種類か出版されていますが、その中の「株式市場のテクニカル分析」（日経BP）がおすすめです。順張りについて解説されていて、自分の売買の基礎になっている本です。おそらく、その本に出会ってなかったら今は違う方法で売買をしているかもしれないし、もしかしたら相場の世界にいなかったかもしれません。

　今はもう中古くらいでしか手に入りませんが、塾生に「勉強したいのですが、何か良い本はないですか」と聞かれるとその本をおすすめしています。

　ただし、投資は知識を身に付けることも必要ですが、相場は知識だけで勝てるほど甘くはありません。そして、同じ手法でずっと勝てるわけでもありません。

　身に付けた知識をトライ＆エラーを繰り返しながら自分の中で手法として確立し、さらにブラッシュアップを日々続けていくことが何よりも大切です。

　いろいろな手法や考え方に触れ、相場に向き合いながら実際に有効なのかを試していくと、新たな発見があるかもしれません。

　最近は書籍以外でも、インターネットから投資に関する情報を簡単に得られる時代です。YouTube などで投資を学ぶ人も増えています。

　投資系 YouTuber もいろいろな人がいて、その人が本当に正しいこと言っているのかどうかは分からないので、まずはデモトレードで本当に勝てるかどうか検証してみると良いと思います。さまざまな

ことを学びながら、勝てる手法を確立していきましょう。

　ちなみに、私は「メガ盛『株ドリル』億を儲けた"鬼神プロトレーダーの技術"全部のせ」（KADOKAWA）という本を出しています。一問一答形式で株式投資について学べるので、興味があれば読んでみてください。

投資に関する本を読んで知識を身に付けましょう

新井邦宏さんが執筆した「投資の王道」という本です。今はほとんど中古品でしか手に入れられないですが、順張りについて解説されていて、自分の売買の基礎になっています。

私の本では株式投資を学べます

私も本を出していて、「メガ盛『株ドリル』億を儲けた"鬼神プロトレーダーの技術"全部のせ」というタイトルです。内容は株式投資を中心に、一問一答形式で学んでいけるので、興味があればぜひ読んでみてください。

投資塾ではさらに詳しいトレード手法や
相場分析を学べます

　この本ではエントリーの方法や相場の見方などを解説してきましたが、私が開設している「堀江投資塾」ではさらに詳しい内容を学べます。

　「堀江投資塾」では株式投資を中心に、順張りトレードだけではなく、空売りの仕方も教えていて、上昇相場と下落相場の両方で利益を獲得できるようにするというコンセプトで、最終的に塾生が一人で利益を取れることを目指しています。

　塾生にはある程度の投資経験があるけど一時的に投資を止めていたという人もいれば、インデックス投資を始めようかなと思っていたときに私のYouTubeを見て塾で勉強したいという人など、さまざまな人がいます。

　各受講者のレベルに合わせた講義を行い、本気で相場で生活できるようになりたい人や、副業で真剣に資産運用を行いたい人をサポートしています。

　塾生は私に相場や取引に関して質問することも可能です。講義の疑問点を質問できる機会を設けて、よりトレード力を向上できるようにしています。

　塾生から来た質問に対して動画で回答することもあり、講義で疑問が生まれても、すぐに解消できると思います。

　また、投資塾だけでなく、メルマガの配信も行っています。メル

投資塾ではトレードの勝ち方を学べます

投資塾ではトレードや分析方法をレクチャーしています。また、質問にも受けつけており、普段の投資で疑問点などがあれば答えていきます。質問は株式投資やCFDはもちろん、仮想通貨やFXにも対応しています。 URL:https://www.tousijyuku.com/

YouTubeチャンネルで動画をアップしています

私のYouTubeチャンネルでは相場解説の動画を上げています。動画を見ていただけると、投資塾やメルマガでどのような形で勉強できるのかがイメージ可能なので、興味があればぜひ視聴してみてください。 URL:https://www.youtube.com/@investor-Horie/videos

マガでは動画や売買シグナルを配信しており、メルマガの売買指示通りに売買すればミラートレードが可能です。

　メルマガは教育的な側面も重視していて、単純に売買指示だけを発信するのではなく、エントリーする理由や決済する根拠などを全て説明しています。メルマガも基本的には質問に受け付けており、疑問点があれば回答します。

　実際に、メルマガの読者から「どうしてここで日経を売ったのですか」、「先週の金曜日に持っていたナスダックはまだ保有していても問題ないですか」などの具体的な質問が来ており、それらにしっかりと回答しています。メルマガだけでもトレードの勉強になると思います。

　そして、YouTube チャンネルも開設しています。投稿している動画を見ていただければ、投資塾やメルマガでどのような動画で勉強できるのかをイメージ可能です。

　私の投資塾ではあまり感覚的なものが入っておらず、再現性が高い投資方法を教えています。そういう意味では、誰でも勉強すれば身につけられると思います。

　投資塾もメルマガもある程度の費用が発生しますが、プロップトレーダーとして生き残ってきた私のスキルと経験を可能なかぎり伝授していきます。本気で株式投資をはじめとした投資を学び、稼ぐ力を身につけたい人はぜひ入塾してください。一緒にトレードの勝ち方を学んでいきましょう。

　初心者から経験者まで、投資で利益を出したいという熱意のある人を全力でサポートします。

CFD の売買戦略メールマガジンと
独自戦略動画を配信中

　私は投資助言会社のグローバルリンクアドバイザーズを通じて、日経平均株価やナスダック、ダウといったメジャーな株価指数の売買戦略をテキストと動画で配信する「米国株指数投資戦略」と、アップルやエヌビディア、任天堂など国内外のトレンド発生中の個別株の売買戦略をテキストと動画で配信する「個別株スイングトレード戦略」という二つのメールマガジンを配信しています。プロがどのようにエントリーし、利益確定あるいは損切を行うのか、ミラートレード感覚でご活用いただける内容となっております。金融庁が定める投資助言業免許を持った会社が運営しているサービスですので、これから CFD トレードをはじめようと考えている方は、ぜひ参考にしていただければ幸いです。

「米国株指数投資戦略」 & 「個別株スイングトレード戦略」
https://riskloving.com/

「米国株指数投資戦略」の特徴

　また、「元機関投資家トレーダー堀江の CFD/FX 情報局」サイトでは、CFD/FX におけるトレンドの見極め方、相場分析方法など私のトレード戦略を解説した動画やレポートが入手できる情報をまとめています。実際に私が使っている CFD/FX 取引会社とタイアップを行っていますので、こちらもぜひチェックしてみてください。

元機関投資家トレーダー堀江の CFD/FX 情報局
https://horiecfd.com/

おわりに

　2024年からスタートする新NISAのおかげで、若年層やこれまで投資に興味のなかった層に、これから投資を始めようと思う人が増えてきています。

　2024年2月22日現在は日経平均株価がバブル期につけた終値での史上最高値3万8915円を上回るほどの勢いを見せており、株式市場が上昇傾向にあるのは、これから投資をしていこうと考えている人を後押ししてくれると思います。

　しかし、この株式市場の熱狂がずっと続くわけではありません。2020年3月に発生したコロナショック、2022年2月に発生したロシアのウクライナ侵攻のように、いつ、どのような要因で暴落が起きるか誰にも分からないのが相場の怖さであり、投資の恐ろしさです。

　かつて日本が絶頂期だったバブル経済を謳歌していた人の中に、将来的にバブルが崩壊し、無数の破産者や何十年にもわたって日本経済に大きな傷跡を残すと想像していた人は少なかったと思います。

　せっかく投資で将来に向けた資産形成をしていこうというモチベーションが高まっている中で、暴落によって大きな損失を出してしまい、失意のうちに相場から退場していくのは非常に残念です。

　一方で、そんな相場が暴落している時にCFDを取引していれば、利益を狙っていける可能性があります。CFDは株価指数、個別株、コモディティ、債券と幅広く投資が可能なため、どこかの相場が下がっても他のチャンスがある相場に乗り換えることで利益を狙えます。

そして、現物株とは違い、買いだけでなく売りからもエントリーすることができるため、相場が暴落時も利益を狙うことが可能というメリットもあります。

　金融機関を選べばCFDでも個別株投資が可能なため、これから投資を始めたいという人や、すでに現物株に投資している人もCFDを試してみると投資の幅が広がるのでお勧めです。

　株式投資だけでなくCFDにもチャレンジし、将来に備えた資産形成をしていきましょう。

　また、私は「堀江投資塾」（https://www.tousijyuku.com/）という投資教育専門サイトを開設しています。そこでは株式投資を中心に、私がプロップトレーダー時代や個人投資家時代に培ってきた相場分析の仕方やトレード手法を教えています。

　入塾していただいた生徒さんの中には大きな利益を獲得できた人もいます。ご興味があれば、ぜひ「堀江投資塾」にアクセスしてみてください。

　YouTubeチャンネル（https://www.youtube.com/@investor-Horie/videos）でも動画をアップロードしているので、ご視聴いただけると幸いです。

　最後に、数多くの書籍の中から本書を手に取り、最後まで読んでいただいた読者の皆さまに深く感謝いたします。

元機関投資家トレーダー堀江（もときかんとうしかとれーだーほりえ）
1974年生まれ、横浜国立大学大学院国際社会科学研究科博士課程後期退学。大学院在学中に、倍率167倍の中途採用試験を突破し、証券会社の契約社員トレーダーとして入社。自己売買部門トレーダーとして株式と日経平均先物の取引をスタートし、相場観とテクニカル分析で利益をあげ続ける。その後、上場証券の自己売買部門トレーダーへキャリアアップ。プロのトレーダーになってから10年を機に個人投資家へ転身した。
著書に、『メガ盛「株ドリル」億を儲けた"鬼神プロトレーダーの技術"全部のせ』（KADOKAWA刊）がある。

10万円から本気で億り人を目指す お財布激太りCFD投資
まんえん ほんき おくりびと めざ さいふげきぶと とうし

2024年5月17日　　初版発行

著　　者　　元機関投資家トレーダー堀江

発行者　　和　田　智　明

発行所　　株式会社 ぱる出版

〒160-0011　東京都新宿区若葉1-9-16
03(3353)2835－代表
03(3353)2826－FAX
印刷・製本　中央精版印刷(株)
本書籍に関するお問い合わせ、ご連絡は下記にて承ります。
https://www.pal-pub.jp/contact

ISBN978-4-8272-1434-5　C0033